LYCÉE IMPÉRIAL DE VERSAILLES.

DISTRIBUTION SOLENNELLE
DES PRIX.

Le Mardi 14 Août 1855, la Distribution des Prix a eu lieu sous la présidence de M. le comte DE SAINT-MARSAULT, Préfet du département de Seine-et-Oise, assisté de M. l'abbé DOURS, inspecteur de l'Académie de Paris.

La séance a été ouverte à onze heures par le discours suivant que M. ANQUEZ, professeur d'Histoire, a prononcé.

JEUNES ÉLÈVES,

Il y a quelques jours à peine, vos *Anciens* étaient réunis dans la chapelle de ce Lycée pour honorer la mémoire de ceux de leurs camarades qui ont succombé dernièrement en Crimée. Par une intention touchante, ils avaient voulu leur rendre ce suprême hommage dans les lieux mêmes où ils avaient commencé à les connaître et à les aimer. Puis, ce pieux devoir rempli, ils s'arrêtaient au seuil de cette maison, pour jeter un regard sur ces arbres, sur ces murs qui abritèrent leur jeunesse. Ils s'entretenaient du temps heureux où ils étaient au Collége et composaient ainsi, sans préoccupation oratoire ni prétention littéraire, une histoire de ce Lycée. — Cette histoire, je veux, jeunes Elèves, vous la conter à mon tour, pour mêler quelque instruction à cette solennité. Vous apprendre ce qu'ont été vos devanciers, n'est-ce pas vous dire ce que vous devez être vous-mêmes?

L'histoire de ce Lycée ne se perd pas, comme celle de plusieurs des Colléges de l'Académie de Paris, dans la nuit du moyen-âge; elle ne commence qu'avec ce siècle. Mais il existait autrefois à Versailles un établissement d'instruction secondaire dont le Lycée a été en quelque sorte la continuation. Placé dans la rue de Sainte-Geneviève, il s'appelait Collége d'Orléans, *Collegium Aurelianense*, parce qu'il tenait de la munificence du duc d'Orléans, Louis, aïeul du roi Louis-Philippe, ses bâtiments et sa dotation. Tant que vécut ce prince, il nomma lui-même les régents. Après sa mort (1), le choix des professeurs appartint au curé de l'église Notre-Dame, qui portait le titre de supérieur et de principal du Collége. Grâce aux libéralités de son fondateur, les cours du Collége d'Orléans étaient gratuits. « *On n'exigera autre chose des écoliers*, dit un ancien règlement, *qu'un écu par an pour la propreté et l'entretien des classes.* »

L'enseignement du Collége d'Orléans ne comprenait que les lettres anciennes: il commençait en sixième et se terminait en rhétorique. Dès la troisième, les élèves devaient, si ce n'est en expliquant, parler latin, et telle était la rigueur de cette règle que celui qui y manquait subissait la honte de se tenir à genoux au milieu de la classe, jusqu'à ce qu'un autre, tombé dans la même faute, vînt le relever. Mais quoique l'instruction donnée dans ce Collège fût très supérieure à celle des Ecoles primaires, elle parut insuffisante au Comité municipal de Versailles. Il adressa donc en 1788 un mémoire au baron de Breteuil, ministre de la maison du Roi, pour lui démontrer la nécessité de fonder

(1) 1752.

à Versailles, « *la première des villes de second ordre,* » un établissement où l'enseignement fût aussi développé que dans les Colléges de l'Université de Paris. Mais, avant que ce vœu fût exaucé, la révolution éclata. C'était l'époque où l'on empruntait aux Grecs et aux Romains des exemples aussi bien que des noms : en 1793, le Directoire du département de Seine-et-Oise, qui avait succédé au curé de Notre-Dame dans la direction du Collége, décida (1), sur la demande des élèves, que dans les distributions de prix, une simple couronne de feuillage serait la récompense accordée aux lauréats. Ce désir des élèves, ajoutait-il, témoignait de leur discernement et de leur générosité, et la récompense qu'ils ambitionnaient « *ne serait pas à charge à la république.* » Mais cette couronne, quelques-uns des vainqueurs ne purent la recevoir : ils étaient partis pour défendre nos frontières menacées, et le procès-verbal de la solennité les signale *comme absents pour le service de la patrie.*

En 1794, ce premier Collége de la ville de Versailles eut le même sort que la plupart des établissements d'instruction ; il fut fermé pour faire place dans la suite à l'Ecole centrale. Il n'est pas inutile de rappeler, pour compléter son histoire, que Ducis y fut élevé : c'est là qu'il apprit à aimer cette antiquité, dont il sut transporter les beautés sur notre scène, où il devait s'illustrer plus encore par l'imitation originale des conceptions pathétiques et puissantes de Shakspeare. Un autre auteur dramatique, moins connu, mais dont le nom n'est pas resté sans honneur, Delrieu, professa la rhétorique à ce même Collége.

L'Ecole centrale ne réussit pas et ne devait pas réussir. Si elle avait l'avantage de répandre l'étude des sciences exactes et des sciences d'observation, elle donnait un enseignement qui n'était pas approprié à l'âge de ceux qui étaient appelés à le recevoir. Le premier Consul, par un arrêté du 1er vendémiaire an XII (2), y substitua un Lycée

(1) 28 juillet 1793.
(2) 23 septembre 1803.

qui dut être placé dans l'ancien couvent des Ursulines.

Ce couvent occupait une partie du terrain sur lequel s'élevait autrefois le château de Clagny, dont Mansart avait tracé le plan et dont Le Nostre avait dessiné les jardins. L'œuvre était digne de ces illustres maîtres. « Nous fûmes à Clagny, écrit madame de Sévigné (1). Que vous dirai-je? C'est le palais d'Armide... C'est la plus belle, la plus surprenante et la plus enchantée nouveauté qui se puisse imaginer !... »

Singulière destinée du palais d'Armide! Tombé en ruines et rasé en 1767, les matériaux qui proviennent de sa démolition sont employés à bâtir un couvent placé sous la royale protection de Maria Leczinska et dirigé par les chanoinesses régulières de Saint-Augustin, ordre voué à l'instruction des jeunes filles pauvres. Ce couvent lui-même sert, à l'époque la plus orageuse de la révolution, de lieu de délibérations pour la troisième section de Versailles, dite *des droits de l'homme*. Plus tard, ils est converti en hôpital pour les militaires blessés et reçoit les glorieux débris de Valmy, de Jemmapes, de Fleurus, d'Arcole, de Rivoli et de Marengo. Enfin il s'ouvre à l'éducation de la jeunesse. Un décret impérial daté du camp de Posen (2) arrêta la constitution définitive du Lycée de Versailles, qui fut inauguré le 1.er mai 1807. L'Administration municipale, invitée à seconder l'Etat, répondit dignement à cet appel : agrandissement des bâtiments, bourses décernées au mérite, riches collections pour les sciences, rien ne coûta à une générosité qui depuis ne s'est jamais démentie.

Dans l'origine, le Lycée de Versailles n'avait, comme les Lycées de province, qu'un professeur de belles-lettres, trois professeurs seulement pour les humanités et la grammaire, et trois professeurs de sciences mathématiques et physiques. Mais l'enseignement s'y développa successivement : le nombre des classes de langues anciennes fut aug-

(1) 7 août 1675.
(2) 15 décembre 1806.

menté ; des chaires de philosophie et d'histoire furent créées, et enfin on y introduisit l'étude des langues vivantes. En un mot, le Collége de Versailles fut organisé sur le modèle de ceux de Paris et admis à concourir avec eux. Depuis la fondation, le nombre de ses élèves avait été toujours croissant : il avait augmenté sur-tout en 1814, lorsque les Lycées que le Gouvernement impérial avait autrefois institués à Bruxelles, à Liége, à Gand et à Bruges avaient été fermés, et qu'une nombreuse jeunesse, chassée de son premier asile, était venue, au nom de la confraternité littéraire, chercher un refuge dans ces murs. A la même époque, les études devenaient à Versailles plus complètes et plus fortes. Le proviseur, M. Dubruel, put donc demander, sans craindre d'exposer ses élèves à un regrettable échec, que le Collége de Versailles fût reçu à concourir avec les Colléges royaux de Paris. La Commission de l'Instruction publique, présidée par l'illustre Royer-Collard, voulut, avant de se prononcer, s'assurer *s'il n'existait pas une trop grande disproportion de forces entre les élèves de Versailles et leurs concurrents* (1) ; et ce ne fut qu'après qu'une enquête eut constaté que le Collége de Versailles pouvait rivaliser avec ceux de Paris, qu'elle l'autorisa (1) à prendre part aux luttes de la Sorbonne. Le succès justifia l'ambition du Collége de Versailles. Plus jeune que ses émules, il sut conquérir et il a su garder parmi eux un rang distingué. Les palmes même les plus enviées ne lui ont pas manqué : six fois il a obtenu l'un des prix d'honneur. Chaque génération est jalouse d'ajouter à l'héritage de ses devanciers, et le *Musée de famille,* qu'une administration intelligente a ouvert aux modestes gloires de ce Lycée, sera bientôt trop étroit pour contenir toutes les images de nos lauréats.

Jeunes Elèves, ces brillants résultats sont dus au goût

(1) Lettre de M. Royer-Collard, Président de la Commission de l'Instruction publique, 12 juin 1818.

(2) 18 juin 1819.

pour le travail et à *la docilité de l'esprit* qui sont comme traditionnels dans ce Collége ; ils sont dus aussi à l'excellente direction que des administrateurs sages et éclairés ont imprimée à cette maison, aux talents et au dévouement des maîtres qui y ont été successivement appelés. En 1804, l'empereur Napoléon Ier avait nommé Proviseur un homme distingué par la variété de ses connaissances et la droiture de son caractère, M. Thiébault. Ancien professeur de grammaire générale à l'école militaire de Berlin, M. Thiébault est sur-tout connu par un livre qu'il a donné sous le titre de *Souvenirs de vingt ans, ou Frédéric-le-Grand*, et dans lequel il a tracé le portrait du prince qui avait quelquefois fait de lui le confident de ses essais littéraires. Chargé d'organiser le Lycée de Versailles, il accepta avec bonheur et remplit avec succès cette mission, par laquelle il termina une vie presque entièrement consacrée à l'éducation de la jeunesse.

M. Thiébault a eu de dignes successeurs. Il me serait difficile, jeunes Elèves, de les nommer tous et plus encore d'apprécier équitablement la nature et l'étendue des services qu'ils ont rendus à cette maison. Toutefois il y en a deux sur lesquels il suffit d'écouter la voix publique pour en parler en termes convenables. L'un, M. Théry, a appartenu au Collége de Versailles, qui fut presque son berceau, en qualité d'Elève, de Professeur, de Censeur et de Proviseur : Elève, il s'y prépara aux luttes du concours général dans lesquelles il a figuré avec éclat ; professeur, il y donna avec un incontestable succès ces leçons d'art et de critique littéraire qui, réunies depuis, ont formé un livre excellent ; censeur, il y seconda avec zèle un administrateur honorable, M. Carbon, dans la tâche difficile de rétablir la discipline un moment ébranlée ; Proviseur, il montra que la science de l'éducation, dont il devait plus tard exposer les principes, n'avait pas de secret pour lui. L'autre, M. Jannet, « pendant huit années et plus de labeur et de dévouement, a conquis l'affection et le respect du corps qu'il dirigeait avec tant de sûreté et de prudence,

des familles dont la confiance se reposait sur lui de l'avenir de leurs enfants, des Elèves toujours sûrs de son affection au sein même des nécessités de la discipline (1). »
Je n'ajouterai qu'un seul mot, jeunes Elèves, à ce témoignage qu'une voix plus autorisée que la mienne rendait ici même, il y a deux ans, à M. Jannet : c'est que dans la retraite honorée où il vit aujourd'hui, votre ancien Proviseur est toujours heureux d'entendre dire que vous êtes, sous son habile successeur comme sous lui, dignes de vos devanciers et de vous-mêmes.

Jeunes Elèves, la tâche des administrateurs qui se sont succédé à la tête de ce Lycée a été, de leur aveu, facilitée par le concours empressé et intelligent des collaborateurs qui, à différentes époques, ont été envoyés ici pour les seconder. Le premier en date est le vénérable abbé Caron, qui, de 1807 à 1828, a tour à tour occupé la chaire de mathématiques, celle de physique et celle de philosophie, et que l'on a vu déployer jusque dans une vieillesse avancée « *un zèle toujours jeune pour éclairer et moraliser les esprits* (2). » A son exemple, d'autres professeurs du Lycée de Versailles ne se sont pas moins distingués par leurs écrits que par leur enseignement. Tels sont le savant traducteur de Saint-Anselme, le biographe érudit des maîtres de l'Ecole de Salerne, le mathématicien sagace que l'illustre Poisson avait associé à ses travaux sur le calcul des probabilités, les historiens éloquents de l'Ecole d'Alexandrie, l'ingénieux auteur des études sur la philosophie du dix-huitième siècle, l'heureux interprète d'Horace, le traducteur élégant des poésies du dernier troubadour, le

(1) M. Bouchitté, distribution des prix, 1853.

(2) M. Théry, Notice sur les origines du Collége royal de Versailles. Cette notice m'a été très-utile pour faire ce travail. J'ai cherché également à profiter des souvenirs que MM. Bouchitté, Faure et Anquetil ont conservés sur l'histoire d'une maison aux progrès de laquelle ils ont contribué ou contribuent encore si efficacement. Mais je dois sur-tout beaucoup aux obligeantes communications du savant et ingénieux auteur de l'*Histoire anecdotique des Rues, places et avenues de Versailles*, M. J.-A. Le Roi.

brillant panégyriste de madame de Sévigné, le docte publiciste qui a décrit les progrès de l'administration monarchique en France, l'intéressant historien du Portugal, trop tôt ravi à l'enseignement, le laborieux et intelligent auteur d'une chronologie universelle.

C'est sous la direction de ces maîtres habiles et dévoués, auxquels votre reconnaissance, jeunes Elèves, associera ceux que je ne puis ni ne dois nommer, que se sont formés ceux de vos *Anciens* dont vous citez les triomphes avec orgueil. Mais pourquoi faut-il que nous ayons à déplorer ici la mort prématurée de celui qui, l'année dernière, soutint si glorieusement l'honneur du Lycée de Versailles dans la lice du concours général. Lui aussi, sans doute, eût bientôt pris place parmi ces lauréats qui confirment aujourd'hui les espérances que les succès obtenus autrefois par eux dans les luttes universitaires avaient fait concevoir à leurs maîtres et à leurs familles. Est-il besoin de vous rappeler que plusieurs d'entre eux contribuent par leurs lumières, dans d'éminentes fonctions, à la prospérité de l'Etat; que d'autres ont déjà acquis par leurs écrits ou par leurs travaux un rang distingué dans les lettres, dans les arts, dans les sciences, dans l'enseignement et dans l'industrie; que quelques-uns, enfin, dignes émules des Anot, des Donop, des Dumont, des de Roche et des Lavarande, servent avec honneur dans cette armée française qui tient avec une fermeté héroïque, à huit cents lieues de la France, le drapeau déployé si généreusement pour la défense de la liberté de l'Europe et de l'indépendance des nations. A ceux-ci, qui, en ce jour consacré par une fête plus que séculaire, se rappellent peut-être, sous la tente, les succès de leur jeune âge, donnons, en finissant, un affectueux souvenir, ou plutôt répétons pour eux ce mot d'un autre temps, ce vieux cri des cœurs français: « *Que Dieu aide et garde !* »

Après M. Anquez, M. l'Inspecteur félicite les Élèves des succès qu'ils ont obtenus la veille au

Concours-Général, et expose les avantages d'une instruction solide unie à une bonne éducation.

M. le Préfet prend ensuite la parole en ces termes :

Jeunes Élèves,

L'année dernière, à pareille époque, le Recteur de l'ancienne Académie départementale vous adressait, avec l'autorité qui s'attachait à sa parole, des conseils que vous écoutiez dans le recueillement de votre confiance : vous les saviez inspirés par un dévouement sérieux, par l'expérience qui s'acquiert dans une longue carrière honorablement et utilement remplie.

Aujourd'hui l'honneur de présider à cette solennité nous est réservé et nous venons vous faire entendre quelques paroles qui seront dictées par le vif intérêt que nous portons à vos études et à votre avenir.

La solennité littéraire qui nous réunit dans cette enceinte, jeunes Élèves, est chaque année environnée d'un grand éclat; les hommes les plus considérés de la cité, les magistrats les plus graves oublient un instant leurs préoccupations habituelles pour venir honorer cette fête du travail, de l'application et de la bonne conduite.

C'est qu'il y a, au fond de ces solennités, quelque chose de sérieux et d'imposant; elles ne sont pas seulement remplies par les plus douces émotions, par les souvenirs qu'elles éveillent et par les espérances qu'elles font naître, elles ont pour but d'honorer le succès obtenu par le travail.

A toutes les époques de la vie, jeunes Élèves, le travail est une loi pour tous : à la vôtre, il est attrayant, car il s'applique à l'étude de toutes les connaissances dont se glorifie une civilisation savante, à celle des lettres qui cultivent, polissent et animent les esprits, à celle des sciences qui les éclairent.

C'est par l'étude des chefs-d'œuvre des Ecrivains de l'antiquité et des temps modernes que s'éclairent les facultés de votre intelligence; c'est par la direction sage et dévouée, donnée au point de vue moral à votre éducation, que se développent les qualités de votre cœur.

C'est dans les principes de cette éducation morale et religieuse que vous puiserez les forces nécessaires pour supporter avec résignation les épreuves que nous avons tous à traverser dans la vie; c'est en les observant que vous aurez cette tranquillité du cœur qui est toujours la récompense des bonnes actions, de l'empire qu'on a sur soi-même.

La sagesse antique avait prononcé que des chaînes d'airain liaient la récompense à la vertu, le châtiment à la faute; vous verrez dans la vie, mes jeunes amis, cette sentence de la sagesse des anciens se vérifier autour de vous: le succès lié au travail, les positions honorables acquises aux hommes laborieux, l'estime publique s'attachant aux hommes de bien.

Vous appartenez, jeunes Elèves, à une époque grande par les travaux de la pensée, par les progrès des arts et de l'industrie, par toutes les conquêtes d'une civilisation avancée. Vous ne voudrez pas dégénérer de l'activité féconde de vos pères; vous répondrez, par votre application, à vos devoirs et à la sollicitude qui encourage et accompagne vos efforts; vous vous montrerez, ainsi, dignes de la tendre affection de vos familles; vous récompenserez, ainsi, les efforts et le zèle que déploient votre digne Proviseur et vos maîtres pour former votre cœur et votre esprit.

Ceux d'entre vous, jeunes Elèves, qui vont entrer dans le monde, n'oublieront pas les conseils de l'expérience et de la raison qu'ils ont reçus au Lycée; ils se rappelleront que l'heureux succès de leurs efforts, de leurs études, n'est pas moins dû à leurs jeunes talents qu'à l'ordre qui les a modérés et dirigés.

L'ordre, mes jeunes amis, est aussi nécessaire à la société où vous allez entrer qu'à ce Lycée ; sans lui point de prospérité possible ni pour les Etats, ni pour les études, ni pour les intérêts privés : c'est parce qu'il existe puissamment établi dans notre beau pays que celui-ci peut, au milieu de la plus grande tranquillité et sous l'inspiration loyale et patriotique du Prince auquel il a confié librement ses destinées, poursuivre à la fois les travaux d'une guerre illustre et ceux d'une paix féconde.

Alors qu'une partie de ses plus nobles enfants font resplendir d'un nouvel éclat la vieille gloire militaire de la France, l'autre, recueillie et confiante dans le sentiment de sa force et dans le calme qui se fait autour d'elle, donne satisfaction aux intérêts élevés de la paix, de la civilisation et de la concorde entre tous les peuples.

Il appartenait au Prince héritier du plus grand homme des temps modernes d'ajouter cette belle page à la noble histoire de notre pays.

Vous aimerez donc l'ordre et l'Empereur !

Permettez-moi de vous féliciter, jeunes Elèves, du succès que vous venez d'obtenir au Concours-Général ; les dix-neuf nominations que vous avez recueillies, dans cette lutte ouverte à votre intelligence, ont jeté un nouveau lustre sur notre beau Lycée ; c'était le meilleur témoignage que vous pouviez donner à vos maîtres de votre gratitude pour le dévouement qu'ils vous ont montré dans le cours de l'année scolaire qui vient de s'écouler ; c'était aussi les signaler à la reconnaissance de vos familles et à celle du ministre qui donne une direction si intelligente et si sage à l'éducation de la jeunesse.

Venez maintenant, jeunes Elèves, recevoir les couronnes qu'avec bonheur nous allons placer sur vos fronts ; elles ne sont pas seulement destinées à récompenser vos efforts d'une année, mais bien à vous encourager à les continuer encore : vos succès présents en exigent impérieusement d'autres. Le mérite, cette vraie noblesse de notre époque, oblige comme obligeait la noblesse héréditaire.

L'appel des *Prix* et des *Accessits* est fait par M. Anquetil, censeur des études.

Division supérieure.

MATHÉMATIQUES SPÉCIALES.

Professeurs : MM. VANNSON, DRION, CORRARD, MINSSEN.

SCIENCES MATHÉMATIQUES.

1.er PRIX : CALOHAR, Edmond-François, né à Brest, ext.

2.e — DE LOCMARIA, Léon-Augustin-Marie-Victor, né à Saint Germain, externe.

1.er *Acc.* : LAMAN, Charles-Jean-Baptiste, né à Toul, ext.

2.e — DELAROCHE, Paul-Hippolyte, né à Paris, ext.

3.e — HACHARD, Marie-Adrien-Léon, né à Saint-Pierre (Martinique), interne.

4.e — DANÈDE, Jean-Baptiste-Edgard, né à Nontron, interne.

L'élève MAURIAC, Anatole, né aux Cayes (Haïti), interne, a obtenu le 4.e *Accessit* au Concours général.

SCIENCES PHYSIQUES.

1.er PRIX : LAFON, Jean-Marie-Eugène, né à Mauriac, P. Peythieu.

2.e — GOGUEL, Jules-Emile, né à Sainte-Marie-aux-Mines, interne.

1.er *Acc.* : CALOHAR (déjà couronné), externe.

2.e — DANÈDE (déjà nommé), interne.

3.e — HACHARD (déjà nommé), interne.

4.e — PIFFRET, Philibert, P. R. Laugier.

LANGUE ALLEMANDE.

1.er PRIX : RAMEAU, Paul-Dominique, né à Versailles, externe.

2.e — LAMAN (déjà nommé), externe.

1.er *Acc.* : DELAROCHE (déjà nommé), externe.

2.e — GOGUEL (déjà couronné), interne.

3.e *Acc.* : SARRAU, Jacques-Rose-Ferdinand, né à Perpignan, interne.

LOGIQUE. — *Section des Lettres.*

Professeurs : MM. BONTOUX, BRANQUART, DELAMAIN.

DISSERTATION FRANÇAISE.

1.er PRIX : BLONDEL, Charles-Jean, né à Versailles, ext.
2.e — DELACOUR, Athanase, né à Pontoise, int.
1.er *Acc.* : BÉLIARD, Ernest-Célestin, né à Paris, int.
2.e — FROMAGEOT, Paul-Hector, né à Paris, int.

L'élève BLONDEL, Charles-Jean, externe, a obtenu le 2.e *Prix* au Concours général. Le Lycée lui décerne un Prix.

L'élève DELACOUR, Athanase, interne, a obtenu le 4.e *Accessit* au Concours général.

DISSERTATION LATINE.

1.er PRIX : BLONDEL (déjà couronné), externe.
2.e — DELACOUR, Athanase (déjà couronné), int.
1.er *Acc.* : FROMAGEOT (déjà nommé), interne.
2.e — BÉLIARD, (déjà nommé), interne.

L'élève Paul-Hector FROMAGEOT, interne, a obtenu le 3.e *Accessit* au Concours général.

L'élève DELACOUR, Athanase, interne, déjà nommé au Concours général, a obtenu le 5.e *Accessit*. Le Lycée lui décerne un Prix.

MATHÉMATIQUES.

1.er PRIX : BLONDEL (déjà couronné), externe.
2.e — DELACOUR, Anatole, né à Pontoise, int.
1.er *Acc.* : FROMAGEOT (déjà nommé), interne.
2.e — DELACOUR, Athanase (déjà couronné), int.

L'élève MILLET, Louis, né à Pontoise, interne, a obtenu le 4.e *Accessit* au Concours général.

PHYSIQUE.

1.er Prix :   BLONDEL (déjà couronné), externe.

2.e   —   FROMAGEOT (déjà nommé), interne.

1.er *Acc.* :   DELACOUR, Athanase (déjà cour. et nom.), int.

2.e   —   MILLET, Louis, né à Pontoise, interne.

LOGIQUE. — *Section des Sciences.*

Professeurs : MM. ARREITTER, DRION, ÉTIENNE, GUILLE-MIN, ANQUEZ, MADDEN, MINSSEN.

MATHÉMATIQUES.

1.er Prix :   HENRY, Eugène-Lothaire, né à Mouzay, int.

2.e   —   PAISANT, Adolphe-Anatole, né à Paris, int.

1.er *Acc.* :   LAFONT, Pierre-Charles, né à Paris, interne.

2.e   —   BELLET, Adolphe-Jean, né à Ovilliers, P. Saint-Louis.

3.e   —   MASSON, Georges, né à Rambouillet, interne.

4.e   —   RICHY, Henri-Adolphe, né à Calcutta, P. R. Laugier.

L'élève HENRY, Eugène-Lothaire, interne, a obtenu le 6.e *Accessit* au Concours général.

COSMOGRAPHIE.

1.er Prix :   HENRY (déjà couronné), interne.

2.e   —   RICHY (déjà nommé). P. R. Laugier.

1.er *Acc.* :   BELLET (déjà nommé), P. Saint-Louis.

2.e   —   SOUYRIS, Barthélemy-Antoine-Félix, né à Perpignan, interne.

3.e   —   DELÉPINE, Paul, né à Paris, interne.

4.e   —   FREUND, Marie-Jean-Jacques-Paul, né à Férette, interne.

SCIENCES PHYSIQUES.

1.er Prix :   HENRY (déjà couronné), interne.

2.e   —   MASSON (déjà nommé), interne.

1.er *Acc.* : LEGLAND, Jules-Alphonse, né à Saint-Remy-
l'Honoré, interne.
2.e — RICHY (déjà nommé), P. R. Laugier.
3.e — FREUND (déjà nommé), interne.

L'élève HENRY, Eugène-Lothaire, interne, a obtenu
le 2.e *Prix* au Concours général. Le Lycée lui décerne un
Prix.

L'élève MASSON, Georges, interne, a obtenu le 4.e *Accessit* au Concours général.

SCIENCES NATURELLES.

PRIX : HENRY (déjà couronné), interne.
1.er *Acc.* : SOUYRIS (déjà nommé, interne.
2.e — LEGLAND (déjà nommé), interne.

L'élève HENRY, Eugène-Lothaire, interne, déjà nommé
au Concours général, a obtenu le 2.e *Accessit*. Le Lycée
lui décerne un Prix.

NARRATION ET VERSION.

PRIX : CANONGE, Joseph-Frédéric, né à Paris, int.
1.er *Acc.* : HENRY (déjà couronné), interne.
2.e — DUCHESNE, Henri-Alexandre, né à Versailles, P. Peythieu.
3.e — SOUYRIS (déjà nommé), int.

HISTOIRE ET GÉOGRAPHIE.

PRIX : HENRY (déjà couronné et nommé), interne.
1.er *Acc.* : CANONGE (déjà couronné), interne.
2.e — RICHY (déjà nommé), P. R. Laugier.
3.e — MASSON (déjà couronné et nommé), interne.

LANGUE ALLEMANDE.

PRIX : RICHY (déjà nommé), P. R. Laugier.
1.er *Acc.* : FREUND (déà nommé), interne.
2.e — HENRY (déjà couronné et nommé), interne.

RHÉTORIQUE.

Professeurs : MM. Etienne, Corrard, Anquez, Drion, Guillemin, Lenolier, Madden, Minssen.

Enseignement commun aux Sections des Lettres et des Sciences.

DISCOURS FRANÇAIS.

1.er Prix : BERNAGE, Siméon-Auguste-Barthélemy, né à Draguignan, interne.

2.e — SAINT-MARC-GIRARDIN, Charles-Auguste, né à Paris, externe.

1.er *Acc.* : RAGON, Paul-Isidore, né à Fontainebleau, int.

2.e — AUMONT, Georges, né à Sannois, interne.

3 e — BÉNARD, Louis-Victor, né à Thoiry, interne.

4.e — CHALLIOT, Jean-Paul, né à Parme, P. Membré.

5.e — SCHMITZ, Paul-Louis, né à Versailles, P. R. Laugier.

6.e — DE SACY, Marie-Victor-Ustazade, né à Paris, interne.

VERSION LATINE.

1.er Prix : SCHMITZ (déjà nommé), P. R. Laugier.

2.e — BERNAGE (déjà couronné), interne.

1.er *Acc.* : RAGON (déjà nommé), interne.

2.e — DE SACY (déjà nommé), interne.

3.e — BÉNARD (déjà nommé), interne.

4.e — LECHERBONNIER, Victor-Eugène, né à Paris, interne.

5.e — CHALLIOT (déjà nommé), P. Membré.

6.e — SAINT-MARC-GIRARDIN (déjà cour.), externe.

HISTOIRE ET GÉOGRAPHIE.

1.er Prix : AUMONT (déjà nommé), interne.

2.e — BERNAGE (déjà couronné), interne.

1.er *Acc.* : CHALLIOT (déjà nommé), P. Membré.
2.e   —   MARCOU, Eugène-Albert, né à Epinay, int.
3.e   —   RAGON (déjà nommé), interne.
4.e   —   FOURNIER, Paul-Athanase, né à Longjumeau, interne.
5.e   —   GODINOT, Eugène-Jean-Baptiste, né à Paris, interne.
6.e   —   BÉNARD (déjà nommé), interne.

LANGUE ALLEMANDE.

1.er PRIX : GODINOT (déjà nommé), interne.
2.e   —   SCHMITZ (déjà cour. et nom.), P. R. Laugier.
1.er *Acc.* : BÉNARD (déjà nommé), interne.
2.e   —   CHALLIOT (déjà nommé), P. Membré.
3.e   —   SAINT-MARC-GIRARDIN (déjà cour. et nom.), externe.

LANGUE ANGLAISE.

1.er PRIX : MARAIS, Charles-Éléonor, né à Chartres, int.
2.e   —   LECHERBONNIER (déjà nommé), interne.
1.er *Acc.* : MARCOU (déjà nommé), interne.
2.e   —   FOURNIER (déjà nommé), interne.

Section des Lettres.

DISCOURS LATIN.

1.er PRIX : BERNAGE (déjà couronné), interne.
2.e   —   BÉNARD (déjà nommé), interne.
1.er *Acc.* : RAGON (déjà nommé), interne.
2.e   —   MARCOU (déjà nommé), interne.
3.e   —   SCHMITZ (déjà cour. et nom.), P. R. Laugier.
4.e   —   SAINT-MARC-GIRARDIN (déjà cour. et nom.), externe.

VERS LATINS.

1.er PRIX : BERNAGE (déjà couronné), interne.
2.e   —   RAGON (déjà nommé), interne.

1.er *Acc.* : **Schmitz** (déjà cour. et nom.), P. R. Laugier.
2.e — **Callé**, Michel-Félix-Léon, né à Verneuil, interne.
3.e — **Fournier** (déjà nommé), interne.
4.e — **Marcou** (déjà nommé), interne.

VERSION GRECQUE.

1.er Prix. **Bernage** (déjà couronné), interne.
2.e — **Schmitz** (déjà cour. et nom.), P. R. Laugier.
1.er *Acc.* : **Bénard** (déjà cour. et nommé), interne.
2.e — **Saint-Marc-Girardin** (déjà cour. et nom.), externe.
3.e — **Lécherbonnier** (déjà cour. et nom.), interne.

HISTOIRE NATURELLE.

1.er Prix : **Bénard** (déjà cour. et nom.), interne.
2.e — **Fournier** (déjà nommé), interne.
1.er *Acc.* : **De Sacy** (déjà nommé), interne.
2.e — **Schmitz** (déjà cour. et nom.), P. R. Laugier.
3.e — **Danjoy**, Edouard, né à Paris, interne.

Section des Sciences.

MATHÉMATIQUES.

1.er Prix : **Godinot** (déjà cour. et nommé), interne.
2.e — **Challiot** (déjà nommé), P. Membré.
1.er *Acc.* : **Lesur**, Louis-François, né à Paris, interne.
2.e — **Bordes**, Jean-Marie-François-Léon, né à Tarbes, interne.

L'élève **Lesur**, Louis-François, interne, a obtenu le 1.er *Prix* au Concours général. Le Lycée lui décerne un Prix.

L'élève **Godinot**, Eugène-Jean-Baptiste, interne, a obtenu le 2.e *Prix* au Concours général. Le Lycée lui décerne un Prix.

L'élève DE TERRAS, Ferdinand-Michel, né à Paris, interne, a obtenu le 5.ᵉ *Accessit* au Concours général.

L'élèle CHALLIOT, Jean-Paul, P. Membré, a obtenu le 6.ᵉ *Accessit* au Concours général.

MÉCANIQUE.

1.ᵉʳ PRIX :   GODINOT (déjà cour. et nommé), interne.
2.ᵉ   —   CHALLIOT (déjà cour. et nom.), P. Membré.
1 ᵉʳ *Acc.* :   AUMONT (déjà cour. et nommé), interne.
2.ᵉ   —   LESUR (déjà nommé), interne.

HISTOIRE NATURELLE.

1.ᵉʳ PRIX :   CHALLIOT (déjà cour. et nom.), P. Membré.
2.ᵉ   —   GODINOT (déjà cour. et nommé), interne.
1.ᵉʳ *Acc.* :   AUMONT (déjà cour. et nommé), interne.
2.ᵉ   —   BORDES (déjà nommé) interne.

CHIMIE.

1.ᵉʳ PRIX :   CHALLIOT (déjà cour. et nom.), P. Membré.
2.ᵉ   —   GODINOT (déjà nommé et cour.), interne.
1.ᵉʳ *Acc.* :   AUMONT (déjà cour. et nommé), interne.
2.ᵉ   —   LESUR (déjà nommé), interne.

SECONDE.

Professeurs : MM. GRÉARD, ANQUEZ, LENGLIER, GUILLEMIN, DELAMAIN, MADDEN, MINSSEN.

Enseignement commun aux Sections des Lettres et des Sciences.

NARRATION FRANÇAISE.

1.ᵉʳ PRIX :   D'HERVILLY, Ernest, né à Batignolles, int.
2.ᵉ   —   CLAUDE, Jules-Eugène, né à Halluin, int.

1.er *Acc.* : HEURTEL, Eugène-Armand, né à Alençon,
P. R. Laugier.

2.e — ISAMBERT, Henri-François, né à Chartres, int.

3.e — DE PIÉPAPE, Léonce-Marie-Gabriel, né à
Langres, P. Bontemps.

4.e — DE BOISSY, Léonce, né à Boissy-le-Bois,
P. Peythieu.

5.e — DE SIVRY, Léon, né à Mantes, interne.

6.e — DESBORDES, Gustave, né à Provins, interne.

7.e — THORY, Paul-Ernest-Benjamin-Sosthène, né
à Tours, interne.

8.e — GODIN, Paul, né à Versailles, interne.

VERSION LATINE.

1.er PRIX : CLAUDE (déjà couronné), interne.

2.e — DE PIÉPAPE (déjà nom.), P. Bontemps.

1.er *Acc.* : SEURAT, Léon, né à Essonnes, interne.

2.e — DE SIVRY (déjà nommé), interne.

3.e — GOFFART, Henri-Eugène, né à Saint-Saulve,
P. Membré.

4.e — DE VILLEBOIS, Henri-Michel, né à Montpel-
lier, externe.

5.e — PETIT, Edouard-Charles-François, né à Paris, interne.

6.e — HAMARD, Emile-Louis, né à Marville-les-
Bois, P. P. Laugier.

7.e *Acc.* : GODIN (déjà nommé), interne.

8.e — RICHY, Arthur-William, né à Calcutta, P. R.
Laugier.

HISTOIRE ET GÉOGRAPHIE.

1.er PRIX : LOUVARD, Emile, né à Montfort-l'Amaury,
interne.

2.e — CLAUDE (déjà couronné), interne.

1.er *Acc.* : THORY (déjà nommé), interne.

2.e — RICHY (déjà nommé). P. R. Laugier.

3.e *Acc.* : D'APREMONT, Albin-Louis-Remy, né à For-
       bach, interne.
4.e — DREUX, Edmond, né à Meulan, interne.
5.e — DESBORDES (déjà nommé), interne.
6.e — GODIN (déjà nommé), interne.
7.e — DE SIVRY (déjà nommé), interne.
8.e — LOMBARD, Gustave-Jules, né du Mans, int.

LANGUE ALLEMANDE

1.er PRIX : FRÉVILLE, Louis-Edmond, né à Mulcent,
       P. Charpentier.
2.e — SEURAT (déjà nommé), interne.
1.er *Acc.* : LOUVARD (déjà couronné), interne.
2.e — JANOT, Auguste-Joseph, né à Avesnes, int.
3.e — DE BOISSY (déjà nommé), P. Peythieu.
4.e — CHAMOUILLET, Léon, né à Paris, interne.
5.e — GOFFART (déjà nommé), P. Membré.

LANGUE ANGLAISE.

1.er PRIX : HAMARD (déjà nommé), P. R. Laugier.
2.e — HEURTEL (déjà nommé), P. R. Laugier.
1.er *Acc.* : RICHY (déjà nommé), P. R. Laugier.
2.e — DREUX (déjà nommé), interne.
3.e — PLOIX, Paul-Théodore, né à Versailles, int.

Section des Lettres.

NARRATION LATINE.

1.er PRIX : CLAUDE (déjà couronné), interne.
2.e — DREUX (déjà nommé), interne.
1.er *Acc.* : RICHY (déjà nommé), P. R. Laugier.
2.e — DE PIÉPAPE (déjà c. et nom.), P. Bontemps.
3.e — GOFFART (déjà nommé), P. Membré.
4.e — LOUVARD (déjà cour. et nommé), interne.

VERS LATINS.

1.er Prix : Isambert (déjà nommé), interne.

2.e — De Piépape (déjà c. et nom.) P. Bontemps.

1.er Acc. : Richy (déjà nommé), P. R. Laugier.

2.e — Louvard (déjà cour. et nommé), interne.

3.e — Dreux (déjà cour. et nommé), interne.

4.e — Claude (déjà couronné), interne.

VERSION GRECQUE.

1.er Prix : Claude (déjà cour. et nommé), interne.

2.e — Isambert (déjà cour. et nommé), interne.

1.er Acc. : Louvard (déjà cour. et nom.), interne.

2.e — Seurat (déjà cour. et nommé), interne.

3.e — Dreux (déjà cour. et nommé), interne.

4.e — Godin (déjà nommé), interne.

THÈME GREC.

1.er Prix : De Piépape (déjà c. et nom.), P. Bontemps.

2.e — Richy (déjà nommé), P. R. Laugier.

1.er Acc. : Claude (déjà cour. et nommé), interne.

2.e — Isambert (déjà cour. et nommé), interne.

3.e — Louvard (déjà cour. et nommé), interne.

4.e — Aubert, Louis-Eugène, né au Mesnil, P. Membré.

RÉCITATION CLASSIQUE.

1.er Prix : Legland, Théodore-Emile, né à Chevreuse, interne.

2.e — Dreux (déjà cour. et nommé), interne.

1.er Acc. : Touret, Louis-Eugène, né à Versailles, ext.

2.e — De Piépape (déjà c. et nom.), P. Bontemps.

3.e — Godin (déjà nommé).

4.e — Aubert (déjà nommé), P. Membré.

COSMOGRAPHIE.

Prix : RICHY (déjà c. et nommé), P. R. Laugier.
1.er Acc. : ISAMBERT (déjà cour. et nommé), interne.
2.e — DREUX (déjà cour. et nommé), interne.
3.e — GODIN (déjà nommé), interne.
4.e — SEURAT (déjà cour. et nommé), interne.

CHIMIE.

Prix : ISAMBERT (déjà cour. et nommé), interne.
1.er Acc. : RICHY (déjà c. et nommé), P. R. Laugier.
2.e — SEURAT (déjà couronné et nommé), interne.
3.e — LEGLAND (déjà couronné), interne.
4.e — LOUVARD (déjà cour. et nom.), interne.

Section des Sciences

MATHÉMATIQUES.

1.er Prix : DESBORDES (déjà nommé), interne.
2.e — DUBOIS, Louis-Alfred, né à Corbeil, interne.
1.er Acc. : MARIN, Paul-Emile, né à Versailles, interne.
2.e — FRÉVILLE (déjà couronné), P. Charpentier.
3.e — CHAMOUILLET (déjà nommé), interne.
4.e — THORY (déjà nommé), interne.
5.e — SALLERON, Louis-Charles-Henri, né à Paris, interne.
6.e — HEURTEL (déjà c. et nommé), P. R. Laugier.
7.e — VOLAND, Léon-Charles, né à Arnouville, P. Membré.
8.e — DE VILLEBOIS (déjà nommé), externe.

L'élève DUBOIS, Louis-Alfred, a obtenu le 1.er *Prix* au Concours général. Le Lycée lui décerne un Prix.

L'élève FRÉVILLE, Louis-Edmond, pension Charpentier, a obtenu le 1.er *Accessit* au Concours général.

PHYSIQUE.

1.er Prix : Salleron (déjà couronné), interne.
2.e   —   Lamaille, Pierre-Gustave, né à Paris, int.
1.er *Acc.* : Thory (déjà nommé), interne.
2.e   —   Chamouillet (déjà nommé), interne.
3.e   —   Janot (déjà nommé), interne.
4.e   —   Bel, Clément-Joseph-Théodore, né à Vallauris, interne.
5.e   —   Desbordes (déjà cour. et nommé), interne.
6.e   —   Voland (déjà nommé), P. Membré.
7.e   —   Fréville (déjà c. et nom.), P. Charpentier.
8.e   —   Dubois (déjà couronné), interne.

CHIMIE.

1.er Prix : Salleron (déjà couronné), interne.
2.e   —   Janot (déjà nommé), interne.
1.er *Acc.* : Thory (déjà nommé), interne.
2.e   —   De Villebois (déjà nommé), externe.
3.e   —   Fréville (déjà c. et nom.), P. Charpentier.
4.e   —   Voland (déjà nommé), P. Membré.
5.e   —   Lamaille (déjà couronné), interne.
6.e   —   Mahot, Louis-Frédéric, né à Toulouse, ext.
7.e   —   Desbordes (déjà cour. et nommé), interne.
8.e   —   Bel (déjà nommé), interne.

L'élève De Villebois, Henri-Michel, externe, a obtenu le 6e *Accessit* au Concours général.

TROISIÈME.

Professeurs : MM. Saddous, Anquez, Guillemin, Delamain, Branquart, Madden, Minssen.

Enseignement commun aux Sections des Lettres et des Sciences.

NARRATION FRANÇAISE.

1.er Prix : De La Brizolière, Georges, né à Choisy-le-Roi, P. Peythieu.

2.e PRIX : DELATOUR, Léon-Albert, né à Fontaine-[...], P. Membré.

1.er Acc. : PITON, Alexandre-Marie, né à Marly-le-Roi, P.R. Laugier.

2.e — PRUDHOMME, Edouard-Nemours, né à Pon-[...], interne.

3.e — GÉNIN, Alfred-Amédée, né à Paris, interne.

4.e — THOMAS, Gustave-Théophile, né à Paris, int.

5.e — RAMEAU, Henri-Jean, né à Versailles, ext.

6.e — HOUEL, Jules-Honoré, né à Paris, interne.

7.e — MARTIN, Bernard-Simon-Frédéric, né à Champlitte, P. Peytbieu.

8.e — FAVRY, Marie-François-Georges-Auguste, né à Voisins-le-Bretonneux, interne.

VERSION LATINE

1.er PRIX : PITON (déjà nommé), interne.

2.e — DEBRIE, François, né à Fontenay-lès-Briis, P. Charpentier.

1.er Acc. : RAINCOURT, Louis-Charles-Ernest, né à Bougival, externe.

2.e — PRUDHOMME (déjà nommé), interne.

3.e — MICHAUT, Jules-Albide, né à Janville, P.R. Laugier.

4.e — POUCHET, Gaston, né à Bar-le-Duc, interne.

5.e — CORNU, Lucien-Denis, né à Nogent-le-Roi, interne.

6.e — PANNIER, Ernest, né à Versailles, P. Peytbieu.

7.e — MASSART, Edouard-Camille, né à Gravelines, ext.

8.e — CARRÉ, Albert-Marie-Louis, né à Paris, int.

L'élève PITON (Alexandre) a obtenu le 7.e Accessit au Concours-Général.

HISTOIRE ET GÉOGRAPHIE.

1.er PRIX : PITON (déjà couronné et nommé), interne.

2.e — CORNU (déjà nommé), interne.

1.er *Acc.* : **Raincourt** (déjà nommé), externe.

2.e — **Cordier**, Edouard, né à Laon, externe.

3.e — **Pouchet** (déjà nommé), interne.

4.e — **Michaut** (déjà nommé), P. R. Laugier.

5.e — **Marot**, Léon, né à Paris, P. Peythieu.

6.e — **Lemoine**, Alfred-Jules, né à Duvy, interne.

7.e — **Leblanc**, Jules, né à Paris, interne.

8.e — **Weyland**, Edouard-Charles, né à Paris, ext.

LANGUE ALLEMANDE.

1.er **Prix** : **Piton**, (déjà cour. et nommé), interne.

2.e — **Raincourt** (déjà nommé), externe.

1.er *Acc.* : **Weyland** (déjà nommé), externe.

2.e — **Peythieu** (déjà nommé), P. Peythieu.

3.e — **Schneider**, Hippolyte, né à Paris, P. Peythieu.

4.e — **Martin** (déjà nommé), P. Peythieu.

5.e — **Pouchet** (déjà nommé), interne.

6.e — **Augé**, Ernest, né à Versailles, P. Membré.

LANGUE ANGLAISE.

1.er **Prix** : **Michaut** (déjà nommé), P. R. Laugier.

2.e — **Devina**, Auguste-Félix, né à Versailles, ext.

1.er *Acc.* : **Debrie** (déjà couronné), P. Charpentier.

2.e — **Simon**, Gabriel-François, né à Paris, P. Charpentier.

3.e — **Cornu** (déjà cour. et nommé), interne.

4.e — **Hantich**, Alexandre, né à Paris, interne.

5.e — **Perret**, Victor-Stanislas, né à Paris, int.

Section des Lettres.

THÈME LATIN.

1.er **Prix** : **Piton** (déjà couronné et nommé), interne.

2.e — **Debrie** (déjà cour. et nom.), P. Charpentier.

1.er *Acc.* : MICHAUT (déjà c. et nom.), P. R. Laugier.
2.e — MASSART (déjà nommé), externe.
3.e — SIMON (déjà nommé), P. Charpentier.
4.e — RAINCOURT (déjà cour. et nommé), externe.

L'élève PITON, Alexandre-Marie, déjà nommé au Concours général, a obtenu le 8.e *Accessit*. Le Lycée lui décerne un Prix.

VERS LATINS

1.er PRIX : PITON (déjà cour. et nommé), interne.
2.e — DEBRIE (déjà cour. et nom.), P. Charpentier.
1.er *Acc.* : MICHAUT (déjà c. et nommé), P. R. Laugier.
2.e — SIMON (déjà nommé), P. Charpentier.
3.e — RAINCOURT (déjà cour. et nommé), externe.
4.e — POUCHET (déjà nommé), interne.

VERSION GRECQUE.

1.er PRIX : PITON (déjà couronné et nommé), interne.
2.e — DEBRIE (déjà c. et nommé), P. Charpentier.
1.er *Acc.* : CAZIN, Albert, né à Dreux, interne.
2.e — MICHAUT (déjà c. et nom.), P. R. Laugier.
3.e — THOMAS (déjà nommé), interne.
4.e — RAINCOURT (déjà cour. et nommé), externe.

THÈME GREC.

1.er PRIX : MICHAUT (déjà c. et nommé), P. R. Laugier.
2.e — DEBRIE (déjà c. et nommé), P. Charpentier.
1.er *Acc.* : PITON (déjà cour. et nommé), interne.
2.e — SIMON (déjà c. et nommé), P. Charpentier.
3.e — RAINCOURT (déjà cour. et nommé), externe.
4.e — MASSART (déjà nommé), externe.

RÉCITATION CLASSIQUE.

1.er PRIX : DEBRIE (déjà c. et nom.), P. Charpentier.
2.e — PITON (déjà cour. et nommé), interne.

1.er *Acc.* :   SIMON (déjà nommé), P. Charpentier.
2.e   —   COUDRET, Albert-Jean, né à Versailles, P.
R. Laugier.
3.e   —   RAINCOURT (déjà cour. et nommé), externe.

GÉOMÉTRIE.

PRIX :   PITON (déjà cour. et nommé), interne.
1.er *Acc.* :   DEBRIE (déjà c. et nom.), P. Charpentier.
2.e   —   POUCHET (déjà nommé), interne.
3.e   —   MICHAUT (déjà c. et nom.), P. R. Laugier.
4.e   —   RAINCOURT (déjà cour. et nommé), externe.

PHYSIQUE.

PRIX :   RAINCOURT (déjà cour. et nommé), externe.
1.er *Acc.* :   PITON (déjà cour. et nommé), interne.
2 e   —   MASSART (déjà nommé), externe.
3.e   —   CARRÉ (déjà nommé), interne.
4.e   —   MICHAUT (déjà c. et nom.), P. R. Laugier.

Section des Sciences.

MATHÉMATIQUES.

1.er PRIX :   NERCAN, Jules-Charles, né à Trappes, P.
St.-Louis.
2.e   —   MARTIN (déjà nommé), P. Peythieu.
1.er *Acc.* :   SCHNEIDER (déjà nommé), P. Peythieu.
2.e   —   AUGER, Paul-Edmond, né à Montlhéry, int.
3.e   —   CHARBONNEL, Jean, né à Versailles, P. Peythieu.
4.e   —   AUGÉ, Ernest, né à Versailles, P. Membré.
5.e   —   PRUDHOMME (déjà nommé), interne.
6.e   —   CORDIER (déjà nommé), externe.
7.e   —   LAMARRE, Edouard, né à St.-Germain, int.
8.e   —   SALLERON, Félix, né à Paris, interne.

PHYSIQUE.

1.er Prix :   NERCAM (déjà couronné), P. St.-Louis.
2.e   —   DE LA BRIZOLIÈRE (déjà cour.), P. Peythieu.
1.er Acc. : CORDIER, (déjà nommé), externe.
2.e   —   AUGÉ, Ernest, (déjà nommé), P. Membré.
3.e   —   MARTIN (déjà c. et nommé), P. Peythieu.
4.e   —   BUGNON, Edouard-Jules-Alphonse, né à Albert, P. Saint-Louis.
5.e   —   DELATOUR (déjà couronné), P. Membré.
6.e   —   CHARBONNIER, Marcel Eugène, né à Paris. P. Membré.
7.e   —   SCHNEIDER (déjà nommé), P. Peythieu.
8.e   —   GÉLIS (déjà nommé), interne.

CHIMIE.

1.er Prix :   LAMARRE (déjà nommé), interne.
2.e   —   AUGÉ, Ernest (déjà nommé), P. Membré.
1.er Acc. : MARTIN (déjà cour. et nommé), P. Peythieu.
2.e   —   SALLEBON, Félix (déjà nommé), interne.
3.e   —   GÉLIS (déjà nommé), interne.
4.e   —   CHARBONNIER (déjà nommé), P. Membré.
6.e   —   CORDIER (déjà nommé), externe.
3.e   —   AUGER, Paul (déjà nommé), interne.
7.e   —   SCHNEIDER (déjà nommé), P. Peythieu.
8.e   —   DE LA BRIZOLIÈRE (déjà cour.), P. Peythieu.

HISTOIRE NATURELLE.

1.er Prix :   GÉLIS (déjà nommé), interne.
2.e   —   CHARBONNIER (déjà nommé), P. Peythieu.
1.er Acc. : AUGÉ, Ernest (déjà nommé), P. Peythieu.
2.e   —   SALLEBON, Félix (déjà nommé), interne.
3.e   —   MARTIN (déjà cour. et nommé) interne.
4.e   —   AUGER, Paul (déjà nommé), interne.
5.e   —   MARTIN (déjà cour. et nommé), P. Peythieu.

6.e *Acc.* :   DE LA BRIZOLIÈRE (déjà cour. et nom.), P.
       Peythieu.
7.e   —   LEMOINE (déjà nommé), interne.
8.e   —   CORDIER (déjà nommé), externe.

ENSEIGNEMENT RELIGIEUX.

Professeurs : MM. CONJAM et LACOMBE, aumôniers.

PREMIÈRE SECTION.

1.er PRIX :   DELÉPINE (déjà nommé), interne.
2.e   —   ERAMBERT, Alexis-Fortuné, né à Paris, int.
1.er *Acc.* :   POLÉMA, Waldema, né à Saint-Pierre, int.
2.e   —   DE SACY (déjà nommé), interne.
3.e   —   DELACOUR, Athanase (déjà c. et nom.), int.
4.e   —   GALLÉ (déjà nommé), interne.
5.e   —   SARRAU (déjà nommé), interne.

DEUXIÈME SECTION.

1.er PRIX :   BUSSON, Georges-Louis, né à Chartres, int.
2.e   —   GODIN (déjà nommé), interne.
1.er *Acc.* :   LEROY, Louis-Paul, né à Arnouville, int.
2.e   —   DE SIVRY (déjà nommé), interne.
3.e   —   GAILLY, Aymard-Louis, né à Sténay, int.
4.e   —   DAMIENS, Eléonor-Athénaïs, né à Gournay,
       interne.

TROISIÈME SECTION.

1.er PRIX :   HOUEL (déjà nommé), interne.
2.e   —   GÉLIS (déjà couronné et nommé), interne.
1.er *Acc.* :   PITON (déjà couronné et nommé), interne.
2.e   —   REMILLY, Paul, né à Versailles, interne.
3.e   —   FAVRY (déjà nommé), interne.
4.e   —   PRUDHOMME (déjà nommé), interne.

Division de Grammaire.

QUATRIÈME.

Professeurs : MM. GOURGAUD et DELAMAIN.

THÈME LATIN.

1.er PRIX : DIDIER, Léon-Marie-Raymond, né à Paris, externe.

2.e — MICHAUT, Gabriel-Alphonse, né à Janville, P. R. Laugier.

1.er *Acc.* : CHALLIOT, Ludovic, né à Parme, P. Membré.

2.e — CHARPENTIER, Eugène-Joseph, né à Paris, interne.

3.e — DURAND, Marie-Ludovic, né à St.-Germain, interne.

4.e — AUBLÉ, Marie-Victor-Emile, né à Paris, P. P. Laugier.

5.e — RAINCOURT, Louis-Ernest, né à Bougival, interne.

6.e — AYNÉ, Jean-Paul, né à St.-Germain, interne.

7.e — POULLE, Paul-Jean-Charles-Maurice, né à Beauvais, interne.

8.e — BLANDIN, Félix-Théodore, né à Saint-Remy-lès-Chevreuse, interne.

VERSION LATINE.

1.er PRIX : CHALLIOT (déjà nommé), P. Membré.

2.e — DURAND (déjà nommé), interne.

1.er *Acc.* : PINCHON, Gustave, né à Paris, interne.

2.e — DIDIER (déjà couronné), externe.

3.e — CHARPENTIER (déjà nommé), interne.

4.e *Acc.* :   MICHAUT (déjà cour.), P. R. Laugier.
5.e   —   BLANDIN (déjà nommé), interne.
6.e   —   AUBLÉ (déjà nommé), P. P. Laugier.
7.e   —   FONTAINE, Emïle-Joseph, né à Verneil (Sar-
        the), P. Saint-Louis.
8.e   —   AYNÉ (déjà nommé), interne.

VERSION GRECQUE.

1.er PRIX :   CHARPENTIER (déjà nommé), interne.
2.e   —   DIDIER (déjà couronné et nommé), externe.
1.er *Acc.* :   DURAND (déjà cour. et nom.), interne.
2.e   —   MICHAUT (déjà c. et nom.), P. R. Laugier.
3.e   —   AUBLÉ (déjà nommé), P.P. Laugier.
4.e   —   CHALLIOT (déjà c. et nommé), P. Membré.
5.e   —   AYNÉ (déjà nommé), interne.
6.e   —   POULLE (déjà nommé), interne.
7.e   —   TERNON, Constant-Pierre, né à St.-Germain,
        interne.
8.e   —   PINCHON (déjà nommé), interne.

LANGUE FRANÇAISE ET GRAMMAIRE COMPARÉE.

1.er PRIX :   DIDIER (déjà cour. et nommé), externe.
2.e   —   MICHAUT (déjà c. et nom.), P. R. Laugier.
1.er *Acc.* :   AYNÉ (déjà nommé), interne.
2.e   —   AUBLÉ (déjà nommé), P. P. Laugier.
3.e   —   DURAND (déjà cour. et nommé), interne.
4.e   —   CHALLIOT (déjà cour. et nom.), P. Membré.
5.e   —   COSSON, Louis-Alexandre, né à Versailles, int.
6.e   —   CHARPENTIER (déjà cour. et nommé), int.
7.e   —   FONTAINE (déjà nommé), P. Saint-Louis.
8.e   —   POULLE (déjà nommé), interne.

HISTOIRE ET GÉOGRAPHIE.

1.er PRIX :   DIDIER (déjà couronné et nommé), externe.
2.e   —   DURAND (déjà cour. et nom.), interne.

1.er *Acc.* :   CHARPENTIER (déjà cour. et nommé), int.

2.e —   CARBONEL, Joseph-Eugène, né à Vallauris, interne.

3.e —   MICHAUT (déjà cour. et nom.), P. R. Laugier.

2.e —   POISSON, Charles, né à Paris, P. Charpentier.

5.e —   AUBLÉ (déjà nommé), P. P. Laugier.

6.e —   DE GOMBERT, Ernest-Eugène, né à Châlons-sur-Marne, interne.

7.e —   CHALLIOT (déjà cour. et nom.), P. Membré.

8.e —   VIDAU, Charles-Emmanuel, né à Paris, P. Charpentier.

RÉCITATION CLASSIQUE.

PRIX :   DIDIER (déjà couronné et nom.), externe.

1.er *Acc.* :   CHARLIER, Pierre-Antoine-François, né à Paris, externe.

2.e —   MICHAUT (déjà cour. et nom.), P. R. Laugier.

3.e —   CHALLIOT (déjà cour. et nom.), P. Membré.

4.e —   RAINCOURT (déjà nommé), interne.

5.e —   DURAND (déjà cour. et nommé), interne.

6.e —   AUBLÉ (déjà nommé), P. P. Laugier.

ARITHMÉTIQUE ET GÉOMÉTRIE.

1.er PRIX :   AYNÉ (déjà nommé), interne.

2.e —   DURAND (déjà couronné et nommé), interne.

1.er *Acc.* :   DIDIER (déjà couronné et nommé), externe.

6.e —   PINCHON (déjà nommé), interne.

3.e —   POISSON (déjà nommé), P. Charpentier.

3.e —   CARBONEL (déjà nommé), interne.

5.e —   FONTAINE (déjà nommé), P. Saint-Louis.

6.e —   COQUILLARD, Jean-Baptiste-Alcide, né à Montigny, P. Saint-Louis.

4.e —   TERNON (déjà nommé), interne.

2.e —   AUBLÉ (déjà nommé), P. P. Laugier.

CINQUIÈME.

Professeur : M. MARCHAND.

THÈME LATIN.

1er Prix :   LOMON, Jules-Aristide, né à Paris, interne.
2.e   —   GOURGAUD, Théodore, né à Versailles, int.
1.er *Acc.* :   OBERNESSER, Henri-François, né à Paris, int.
2.e   —   SOUVILLE, Alexandre-Gaston, né à Paris, int.
3.e   —   AUNEY, Eugène, né à Elbeuf, P. Membré.
4.e   —   GINESTET, Alfred-Joseph, né à Versailles, int.
5.e   —   PEERT, Eugène-Léon, né à Versailles, int.
2.e   —   ROUGERON, Paul-Nicolas, né à Meaux, P. R. Laugier.
4.e   —   PRÉVEL, Albert, né à Paris, P. P. Laugier.
8.e   —   JOLIET, René, né à Saint-Hippolyte, ext.

VERSION LATINE.

1.er Prix: GOURGAUD (déjà couronné), interne.
2.e   —   LOMON (déjà couronné), interne.
1.er *Acc.* :   AUNEY (déjà nommé), P. Membré.
3.e   —   OBERNESSER (déjà nommé), interne.
3.e   —   JOLIET (déjà nommé), externe.
4.e   —   AUVILLAIN, Fernand, né à Paris, interne.
5.e   —   ROUGERON (déjà nom.), P. R. Laugier.
6.e   —   PEERT (déjà nommé), interne.
7.e   —   LEVASSEUR, Henri-Vincent, né à Louviers, interne.
8.e   —   MÉCHIN, Raoul, né à Saint-Denis, interne.

EXERCICES GRECS.

1.er Prix :   GOURGAUD (déjà couronné), interne.
2.e   —   AUNEY (déjà nommé), P. Membré.

1.er *Acc.* : OBERNESSER (déjà nommé), interne.
2.e   —   LOMON (déjà couronné),
3.e   —   VALLÉE, Emile-Louis, né à Paris, P Pey-
           thieu.
4.e   —   MÉCHIN (déjà nommé), interne.
5.e   —   PITON, Camille-Marie, né à Marly-le-Roi,
           interne.
6.e   —   ROUGET, Paul, né à Paris, interne.
7.e   —   AUVILLAIN (déjà nommé), interne.
8.e   —   HODDÉ, Marc-Oscar, né à Mézières, P. R.
           Laugier.

LANGUE FRANÇAISE.

1.er PRIX : AUNEY (déjà cour. et nom.), P. Membré.
2.e   —   GOURGAUD (déjà couronné), interne.
1.er *Acc.* : OBERNESSER (déjà nommé), interne.
2.e   —   LOMON (déjà cour. et nommé), interne.
3.e   —   BONITEAU, Albert, né à Versailles, P. Membré.
4.e   —   ROUGERON (déjà nommé), P. R. Laugier.
4.e   —   DUBREUIL, Charles, né à Paris, interne.
6.e   —   AUVILLAIN (déjà nommé), interne.
7.e   —   MASSON, Maurice-Antoine, né à Versailles,
           externe.
6.e   —   JOLIET (déjà nommé), externe.

HISTOIRE ET GÉOGRAPHIE.

1.er PRIX : GOURGAUD (déjà couronné), interne.
2.e   —   LOMON (déjà cour. et nommé), interne.
1.er *Acc.* : VALLÉE (déjà cour. et nom.), P. Peythieu.
2 e   —   MÉCHIN (déjà nommé), interne.
3.e   —   METTE, Célestin-Marie, né à Paris, interne.
4.e   —   OBERNESSER (déjà nommé), interne.
5.e   —   DUBREUIL (déjà nommé), interne.
6.e   —   GASTEY, Léon, né à Versailles, P. Peythieu.
7.e   —   CAMUSET, Louis-Marie-Emile, né à Lyon, int.

RÉCITATION CLASSIQUE.

1.er PRIX : GINESTET Alfred-Joseph, né à Versailles, int
2.e   —   PEERT (déjà nommé), interne.

1.er *Acc.* :   DIETZ, Herman, né à Offenbanch, externe.
2.e   —   BONITEAU (déjà nommé), P. Membré.

CALCUL.

1.er PRIX :   LOMON (déjà cour. et nommé), interne.
2.e   —   GOURGAUD (déjà couronné), interne.
1.er *Acc.* :   PICQUÉ, Georges, né à Versailles, interne.
2.e   —   CAMUSET (déjà nommé), interne.
3.e   —   PITON (déjà nommé), interne.
4.e   —   D'URCLÉ, Henri-Marie-Auguste-Joseph, né à Verberie, interne.
5.e   —   ROUGERON (déjà nommé), P. R. Laugier.
6.e   —   OBERNESSER (déjà nommé), interne.
7.e   —   MASSON (déjà nommé), externe.
8.e   —   ROUGET (déjà nommé), interne.

SIXIEME.— *Première Division.*

Professeur : M. LANDAIS.

THÊME LATIN.

1.er PRIX :   VÉRON, Charles-Maurice, né à Paris, P. Membré.
2.e   —   NÉGLET, Francisque, né à Narbonne, int.
1.er *Acc.* :   RIGAUD, Paul, né à Melun, interne.
2.e   —   CHALLIOT, Albert-Léonard, né à Parme, P. Membré.
3.e   —   PLUCHE, Albert, né à Paris, interne.
4.e   —   BESNARD, Jules, né à Versailles, interne.
5.e   —   PETIT, Albert, né à Versailles, externe.
6.e   —   VERNINAC DE ST.-MAUR, Frédéric-François-Etienne, né à Paris, interne.

VERSION LATINE.

1.er PRIX :   RIGAUD (déjà nommé), interne.
2.e   —   BESNARD (déjà nommé), interne.

1.er *Acc.* : THOLON, Alfred, né à Tours, P. P. Laugier.
2.e — NÉGLET (déjà couronné), interne.
3.e — VÉRON (déjà couronné), P. Membré.
4.e — PETIT (déjà nommé), externe.
5.e — VERNINAC DE ST.-MAUR (déjà nommé), int.
6 e — LEGRIER, Henri-Auguste, né à Versailles, externe.

LANGUE FRANÇAISE.

1.er PRIX : VÉRON (déjà cour. et nommé), P. Membré.
2.e — BESNARD (déjà cour. et nommé), interne.
1.er *Acc.* : PETIT (déjà nommé), externe.
2.c — JOBERT, Ernest, né à Houdan, interne.
3.e — ALLORGE, Emile-Louis-Joseph, né à Versailles, P. St.-Louis.
4.e — LEGRIER (déjà nommé), externe.
5.e — RIGAUD (déjà cour. et nom.), interne.
4.e — THOLON (déjà nommé), P. P. Laugier.

HISTOIRE ET GÉOGRAPHIE.

1.er PRIX : VÉRON (déjà couronné et nom.), P. Membré.
2.e — VERNINAC DE ST.-MAUR (déjà nommé), int.
1.er *Acc.* : PETIT (déjà nommé), externe.
2.e — JOBERT (déjà nommé), interne.
3.e — RIGAUD (déjà cour. et nommé), interne.
4.e — CHALLIOT (déjà nommé), P. Membré.
5.e — GODIN, Jules, né à Versailles, interne.

RÉCITATION CLASSIQUE.

1.er PRIX : VÉRON (déjà cour. et nommé), P. Membré.
2.e — MAINFROY, Ernest-Constant, né à Dreux, P. P. Laugier.
1.er *Acc.* : CHALLIOT (déjà nommé), P. Membré.
2.c — VERNINAC DE ST.-MAUR (déjà c. et nommé), interne.
3.e — THOLON (déjà nommé), P. P. Laugier.

4.e *Acc.* : LEGRIER (déjà nommé), externe.
5.e — GODIN (déjà nommé), interne.
6.e — BESNARD (déjà cour. et nommé), interne.

CALCUL.

1.er PRIX : VÉRON (cour. et nommé), P. Membré.
2.e — CHALLIOT (déjà nommé), P. Membré.
1.er *Acc.* : BESNARD (déjà cour. et nommé), interne.
2.e — ALLORGE (déjà nommé), P. St.-Louis.
3.e — PETIT (déjà nommé), externe.
4.e — VERNINAC DE ST.-MAUR (cour. et nommé),
interne.
5.e — RIGAUD (déjà cour. et nommé), interne.
6.e — THOLON (déjà nommé), P. P. Laugier.

SIXIEME. — *Deuxième Division.*

Professeur : M. CHAPLAIN.

THÈME LATIN.

1.er PRIX : CHARPENTIER, Jules-Constant, né à Versailles, P. Charpentier.
2.e — BERTHOD, Léon-Philibert, né à Versailles,
interne.
1.er *Acc.* : THUASNE, Emile-François, né à Paris, P.
R. Laugier.
2.e — BOGAERT, Ludovic, né à Paris, interne.
2.e — BOUTIER, Ernest-Prosper, né à Batignolles,
interne.
4.e — DELAISEMENT, Henri-Louis, né à Rambouillet, externe.
5.e — TRICOTEL, Léon, né à Versailles, externe.
6.e — PICQUEFEU, Louis-Georges, né à Argenteuil,
interne.

VERSION LATINE.

1.er PRIX : BOUTIER (déjà nommé), interne.
2.e — GARNIER, Alfred-Hippolyte-Edouard, né à Paris, interne.
1.er *Acc.* : VIÉNOT, Pierre-Elie, né à Brest, P. Peythieu.
2.e — CHARPENRIER (déjà cour.), P. Charpentier.
3.e — COIQUAUD, Gaston-Albert, né à Redon, int.
4.e — TUGOT, Louis-Léon, né à Paris, interne.
5.e — MILLET, Charles Ferdinand, né à Versailles, interne.
6.e — TRICOTEL (déjà nommé), externe.

LANGUE FRANÇAISE.

1.er PRIX : CHARPENTIER (déjà cour. et nom.), P. Charpentier.
2.e — THUASNE (déjà nom.), P. R. Laugier.
1.er *Acc.* : BERTHOD (déjà couronné), interne.
2.e — TRICOTEL (déjà nommé), externe.
3.e — BOGAERT (déjà nommé), interne.
4.e — ISAMBERT, Alfred, né à Vincennes, interne.
5.e — VIÉNOT (déjà nommé), P. Peythieu.
6.e — BOUTIER (déjà cour. et nommé), interne.

HISTOIRE ET GÉOGRAPPIE.

1.er PRIX : CHARPENTIER (déjà cour. et nom.), P. Charpentier.
2.e — AUMONT, Léon, né à Paris, interne.
1.er *Acc.* : PICQUEFEU (déjà nommé), interne
2.e — VIÉNOT (déjà nommé), P. Peythieu.
3.e — MILLET (déjà nommé), interne.
4.e — BERTHOD (déjà cour. et nommé), interne.
5.e — TRICOTEL (déjà nommé), externe.
6.e — COSSON, Gabriel-Henri, né à Versailles, int.

RÉCITATION CLASSIQUE.

1.er Prix : CHARPENTIER (déjà cour et nommé), P. Char-
              pentier.
2.e   —   TUGOT (déjà nommé), interne.
1.er Acc. : MILLET (déjà nommé), externe.
2.e   —   GARNIER (déjà couronné), interne.
8.e   —   MASSART, Paul-Henri, né à Dunkerque, ext.
4.e   —   DELAISEMENT (déjà nommé), interne.
5.e   —   VIÉNOT (déjà nommé), P. Peythieu.
6.e   —   COSSON (déjà nommé), interne.

CALCUL.

1.er Prix : TRICOTEL (déjà nommé), externe.
2.e   —   SALVETAT, Alphonse-Hippolyte, né à Sèvres,
              P. R. Laugier.
1.er Acc. : THUASNE (déjà cour. et nom.), P. R. Laugier.
2.e   —   ISAMBERT (déjà nommé), interne.
3.e   —   PICQUEFEU (déjà nommé), interne.
4.e   —   TUGOT (déjà cour. et nom.), interne.
5.e   —   MARCOU Ernest-Henri, né à Saclay, P. R.
              Laugier.
2.e   —   DELAISEMENT (déjà nommé), interne.

ENSEIGNEMENT RELIGIEUX.

Professeurs : MM. CONIAM et LACOMBE, aumôniers.

QUATRIÈME SECTION.

1.er Prix : DURAND (déjà couronné et nommé), interne.
2.e   —   COMBETTE, Eug.-Ch., né à Versailles, int.
1.er Acc :   DE SACY, Marie-Jules-Vict., né à Paris, int.
2 e   —   BRUNET, Henri-Calixte, né à Paris, interne.
3.e   —   AYNÉ (déjà cour. et nom.), interne.

4.e *Acc.* :   Tore, Albert-Pierre-Charles, né à Perpignan, interne.
5.e   —   De Gombert (déjà nommé), interne.
6.e   —   Poulle (déjà nommé), interne.

CINQUIÈME SECTION.

1.er Prix :   Lomon (déjà cour. et nom.), interne.
2.e   —   Jourdan, Gustave, né à Paris, interne.
1.er *Acc.* :   D'Urclé (déjà nommé), interne.
2.e   —   Faudet, Fernand-Adrien, né à la Pointe-à-Pitre, interne.
3.e   —   Heuzé, Paul-Henri-Gust., né à Nantes, int.
4.e   —   Gourgaud (déjà couronné), interne.

SIXIÈME SECTION.

1.er Prix :   De Saint-Laurent, Albert-Étienne-Ernest, né à Paris, interne.
2.e   —   Levasseur (déjà nommé), interne.
1.er *Acc.* :   Godin (déjà nommé), interne.
2e   —   Lamaille, Georges-Marie-Auguste, né à Paris, interne.
3.e   —   Peert (déjà cour. et nommé), interne.
2.e   —   Phellion, Ernest, né à Paris, interne.
5.e   —   Rigaud (déjà cour. et nommé), interne.

PETIT COLLÉGE.

Division élémentaire.

SEPTIEME. — 1.re *Division.*

M. Guyot, Maître élémentaire.

EXERCICES LATINS.

1.er Prix :   Fontaine, Léon, né à Versailles, P. Membré.
3.e   —   De Lalande, Félix, né à Alby, interne.

1.er *Acc.* : FAVRE, Eugène, né à Paris, interne.
2.e — CHALLIOT, Charles, né à Parme, P. Membré.
3.e — DE JAVEL, Joseph, né à Versailles, interne.
4.e — FOUCAULT, Paul, né à Nanterre, interne.
.e — FRAMBOIS, Paul, né à Paris, P. Saint-Louis.
6.e — BRÉBION, Paul, né à Versailles, P. Membré.

GRAMMAIRE FRANÇAISE.

1.er PRIX : FONTAINE (déjà couronné), P. Membré.
2.e — CHALLIOT (déjà nommé), P. Membré.
1.er *Acc.* : DE LALANDE (déjà couronné), interne.
2.e — FAVRE (déjà nommé), interne.
3.e — POUNOT, Eugène, né à Versailles, externe.
4.e — BRÉBION (déjà nommé), P. Membré.
5.e — LAMPÉRIÉRE, Francisque, né à Versailles, P. Membré.
6.o — ORFAURE, Charles, né à Clermont, interne.

HISTOIRE SAINTE.

1.er PRIX : FONTAINE (déjà conronné, P. Membré
3.e — CHALLIOT (déjà cour. et nom.), P. Membré.
1.er *Acc.* : DUBRÉUIL, Léon, né à Paris, interne.
2.e — DE LALANDE (déjà cour. et nom.), interne.
3.e — FRAMBOIS (déjà nommé), P. Saint-Louis.
7.e — BRÉBION (déjà nommé), P. Membré.
5 e — JOLY, Albert, né à Versailles, P. R. Laugier.
5.e — ORFAURE (déjà nommé), interne.

GÉOGRAPHIE.

1.er PRIX : BRÉBION (déjà nommé), P. Membré.
3.e — FONTAINE (déjà couronné), P. Membré.
1.er *Acc.* : CHALLIOT (dé(à cour. et nom.), P. Membré.
2.e — DE LALANDE (déjà cour. et nom.), interne.
3.e — FOUCAULT (déjà nommé), interne.
4.e — FAVRE (déjà nommé), interne.
5.e — PALLIER, Olivier-Alfred, né à Versailles, int.
8.e — DUBREUIL (déjà nommé), interne.

CALCUL.

1.er Prix :   Fontaine (déjà couronné), P. Membré.
2.e   —   Challiot (déjà cour. et nom.), P. Membré.
1.er Acc. : Favre (déjà nommé), interne.
2.e   —   Brébion (déjà cour. et nom.), P. Membré.
4.e   —   De Lalande (déjà cour. et nom.), interne.
4.e   —   Foucault (déjà nommé), interne.
5.e   —   Pounot (déjà nommé), externe.
6.e   —   Fumet, Eugène, né à St.-Cloud, P. Membré.

RÉCITATION CLASSIQUE.

1.er Prix :   Fontaine (déjà couronné), P. Membré.
2.e   —   De Lalande (déjà cour. et nom.), interne.
1.er Acc. : Challiot (cour. et nom.), P. Membré.
2.e   —   Dubreuil (déjà nommé), interne.
3.e   —   Harmand, Jules-François, né à Saumur, int.
4.e   —   Frambois (déjà nommé), P. Saint-Louis.
5.e   —   Foucault (déjà nommé), interne.
6.e   —   Orfaure (déjà nommé), interne.

SEPTIEME. — 2.e *Division.*

M. Chappe, Maître élémentaire.

EXERCICES LATINS.

1.er Prix : Rollandes, Jules Albert-René, né à Gail-
            lon, interne.
2.e   —   Thomas, Jean-Marie, né au Mesnil-Saint-
            Denis, interne.
1.er Acc. : Arreitter, Georges-Pierre, né à Caen, int.
2.e   —   Dietz, Jules-François, né à Macon, externe.
3.e   —   Roufiac, Alfred-Henri, né à St.-Arnoult, int.

4.e *Acc.* :   BLANCHARD, Edouard-Théophile, né à Paris, interne.

5.e —   FLEURY, Frédéric-Louis, né à Versailles, ext.

6.e —   BRÉCHIGNAC, Francis, né à Paris, interne.

GRAMMAIRE FRANÇAISE.

1.er PRIX :   ROLLANDES (déjà couronné), interne.

2.e —   ROUFIAC (déjà nommé), interne.

1.er *Acc.* :   BURÉMONT, William, né à Bruxelles, P. P. Laugier.

2.e —   BRÉCHIGNAC (déjà nommé), interne.

3.e —   AUDIN, Gustave-Jean, né à Paris, P. R. Laugier

4.e —   THOMAS, Georges (déjà couronné), interne.

5.e —   ARREITTER (déjà nommé), interne.

6.e —   FLEURY (déjà nommé), externe.

HISTOIRE SAINTE.

1.er PRIX :   DIETZ (déjà nommé), externe.

2.e —   FLEURY (déjà nommé), externe.

1.er *Acc.* :   ROLLANDES (déjà couronné), interne.

2.e —   ARREITTER (déjà nommé), interne.

3.e —   THOMAS, Georges (déjà cour. et nom.), int.

4.e —   ROUFIAC (déjà cour. et nommé), interne.

5.e —   RENARD, Georges, né à Paris, externe.

6.e —   HOGSON, Paul-Alexis, né à Nancy, P. Membré

GÉOGRAPHIE.

1.er PRIX :   FLEURY (déjà cour. et nommé), externe.

2e —   ROLLANDES (déjà cour. et nom.), interne.

1.er *Acc.* :   THOMAS, Georges (déjà cour. et nom.), int.

2.e —   DIETZ (déjà cour. et nommé), externe.

3.e —   ROUFIAC (déjà cour. et nommé), interne.

4.e —   ARREITTER (déjà nommé), interne.

5.e —   BRÉMON, Eugéne-Hippolyte-François, né à Metz, externe.

6.e —   LACROIX, Paulin-Adolphe-Emile, né à Versailles, P. Membré.

CALCUL.

1.er Prix : ARREITTER (déjà nommé), interne.
2.e   —   FLEURY (déjà cour. et nommé), externe.
1.er *Acc.* : THOMAS, Georges (déjà cour. et nom.), int.
2.e   —   ROUFIAC (déjà couronné et nommé), interne.
3.e   —   BAHY, Amédée, né à Versailles, P. Membré.
4.e   —   THOMAS, Ernest-Louis, né à Yerres, interne.
5.e   —   ROLLANDES (déjà cour. et nommé) interne.
6.e   —   AUDIN (déjà nommé), P. R. Laugier.

RÉCITATION CLASSIQUE.

1.er Prix : DIETZ (déjà couronné et nommé), externe.
2.e   —   FLEURY (déjà cour. et nommé), externe.
1.er *Acc.* : ROUFIAC (déjà cour. et nommé), interne.
2.e   —   ARREITTER (déjà cour. et nommé), interne.
3.e   —   BAHY (déjà cour. et nommé), P. Membré.
4.e   —   THOMAS, Ernest (déjà nommé), interne.
5e.   —   THOMAS, Georges (déjà cour. et nommé).
6.e   —   LACROIX (déjà nommé), P. Membré.

HUITIÈME.

M. MASSON, Maître élémentaire.

LECTURE.

1.er Prix : HOMER, Henri, né à Paris, P. Saint-Louis.
2.e   —   SPENCER, John, né à Sheffield, interne.
1.er *Acc.* : PHILIPPAR, Edouard-Anatole, né à Versailles, interne.
2.e   —   BLANCHARD, Georges-Charles, né à Paris, interne.
3.e   —   GAYRARD, Raymond-Samuel, né à Paris, int.
4.e   —   GASTAMBIDE, Antoine-Léon, né à Versailles, interne.

GRAMMAIRE FRANÇAISE.

1.er Prix :   Jacquin, Honoré-Charles, né à Bezaucourt,
                interne.
2.e   —   Gayrard (déjà nommé), interne.
1.er Acc. :   Homer (déjà couronné), P. Saint-Louis.
2.e   —   Doncoeur, Armand-Jean-Marie, né à Char-
                leville, interne.
3 e   —   Spencer (déjà couronné), interne.
4.e   —   Philippar (déjà nommé), interne.

HISTOIRE SAINTE.

1.er Prix :   Jacquin (déjà couronné), interne.
2.e   —   Louvet, Eugène-Paul-Alexandre, né à Pa-
                ris, interne.
1.er Acc. :   Homer (déjà cour. et nom.), P. Saint-Louis.
2.e   —   Massart, Anthime, né à Dunkerque, ext.
3.e   —   Gastambide (déjà nommé), interne.
4.e   —   Spencer (déjà couronné et nommé), int.

GÉOGRAPHIE.

1.er Prix :   Lerouget, Albert, né à Paris, interne.
2.e   —   Spencer (déjà cour. et nommé), interne.
1.er Acc. :   Blanchard (déjà nommé), interne.
2.e   —   Louvet (déjà couronné), interne.
3.e   —   Jacquin (déjà couronné), interne.
4.e   —   Gaidan, Joseph-Martial-Georges, né à Pa-
                ris, interne.

CALCUL.

1.er Prix :   Blanchard (déjà nommé), interne.
2.e   —   Lambinet, Félicien-Victor, né à Versailles,
                externe.
1.er Acc. :   Homer (déjà cour. et nom.), P. St.-Louis.
2.e   —   Gayard (déjà cour. et nommé), interne.
3.e   —   Spencer (déjà cour. et nommé), interne.
4.e   —   Gaidan (déjà nommé), interne.

RÉCITATION CLASSIQUE,

1.er Prix : Massart (déjà nommé), externe.
2.e — Noirel, Albert, né à Perpignan, interne.
1.er Acc. : Gastambide (déjà nommé), interne.
2.e — Jacquin (déjà cour. et nommé), interne.
3.e — Bonneau, Alexandre, né à Paris, interne.
4.e — Homer (déjà couronné et nommé), interne.

CLASSE PRÉPARATOIRE.

M. Beaufils, Maître élémentaire.

LECTURE.

1.er Prix : Rocher, Jules, né à Paris, interne.
2.e — Mauger, Louis-Alfred, né à Paris, interne.
1.er Acc. : D'Apremont, Anatole, né à St..Hilaire, int.
2.e — Rohl, Jules-Ferdinand, né à Saint-Péters-
bourg, interne.

GRAMMAIRE FRANÇAISE.

1.er Prix : Rocher (déjà couronné), iuterne.
2.e — Holt, Edouard-Jules, né à Paris, interne.
1.er Acc. : Mauger (déjà couronné), interne.
2.e — Margeridon, Edouard, né à Paris, interne.

HISTOIRE.

1.er Prix : D'Apremont (déjà cour. et nom.), interne.
2.e — Rohl (déjà nommé), interne.
1.er Acc. : Mauger (déjà cour. et nommé), interne.
2.e — Margeridon (déjà nommé), interne.

GÉOGRAPHIE.

1.er Prix : D'Apremont (déjà nommé), interne.
2.e — Margeridon (déjà nommé), interne.
1.er Acc. : Boivin, Amédée-Charles, né à Saint-Ger-
main, interne.
2.e — Hilsdorff, né à Paris, interne.

CALCUL.

1.er Prix :   Mauger (déjà cour. et nommé), interne.
2.e   —   Holt (déjà couronné), interne.
1.er Acc. :   Rocher (déjà couronné), interne.
2.e   —   Rohl (déjà couronné et nommé), interne.

RÉCITATION.

1.er Prix :   D'Apremont (déjà cour. et nom.), interne.
2.e   —   Rohl (déjà couronné et nommé), interne.
1.er Acc. :   Rocher (déjà couronne et nommé), interne.
2.e   —   Noirel, Gaston, né à Dema (Gers), interne,

ENSEIGNEMENT RELIGIEUX.

Professeurs : MM. Coniam et Lacombe, aumôniers.

SEPTIÈME SECTION.

1.er Prix :   Roufiac (déjà cour. et nommé) interne.
2.e   —   De Javel (déjà nommé), interne.
1.er Acc. :   Bary, Louis-Charles-Alfred, né à Paris, int.
2.e   —   Bonneau (déjà nommé), interne.
3.e   —   Foucault (déjà nommé), interne.
4.e   —   Thomas (déjà cour. et nommé), interne.

COURS PROFESSIONNEL.

Chargés de Cours : MM. Girot, Carrière, Catoire, Madden, Petit, Loiseau.

Division Supérieure.

MATHÉMATIQUES.

Prix :   Poilblans, Félix, né à La Villette, interne.
1.er Acc. :   Ledru, Eugène-Henri, né à Paris, interne.
2.e   —   Joly, René, né à Verberie, interne.

CHIMIE.

PRIX : POILBLANS (déjà couronné), interne.
1.er *Acc.* : LEDRU (déjà nommé), interne.
2.e — JOLY (déjà nommé), interne.

COMPTABILITÉ.

PRIX : POILBLANS (déjà couronné), interne.
1.er *Acc.* : MORISSET, Pierre-Clovis, né à Saint-Sauveur, interne.
2.e — LEDRU (déjà nommé), interne.

NARRATION FRANÇAISE.

PRIX : COTILLON, Alfred-Antoine, né à Paris, int.
1.er *Acc.* : JOLY (déjà nommé), interne.
2.e — LEDRU (déjà nommé), interne.

HISTOIRE ET GÉOGRAPHIE.

PRIX : COTILLON (déjà couronné), interne.
1.er *Acc.* : JOLY (déjà nommé), interne.
2.e — LEDRU (déjà nommé), interne.

LANGUE ANGLAISE.

PRIX : COTILLON (déjà couronné), interne.
1.er *Acc.* : JOLY (déjà nommé), interne.
2.e — HUE, Jean-Adolphe-Edouard, né à Paris, int.

Division Élémentaire.

ARITHMÉTIQUE.

PRIX : CHARPENTIER, Félix-Hippolyte-Claude, né à Lyon, externe.
1.er *Acc.* : GUYENOT, Léon-Charles, né à Paris, P. P. Laugier.
2.e — CONTESENNE, Pierre-Victor, né à Meudon, P. R. Laugier.
3.e — JACQUES, Léopold-Georges, né à Ponchartrain, P. R. Laugier.

PHYSIQUE.

PRIX : GUYENOT (déjà nommé), P. P. Laugier.
1.er *Acc.* : CONTESENNE (déjà nommé), P. R. Laugier.
2.e — OUACHÉE, Léon-Claude, né à Versailles, P. Membré.
3.e — SCHULER, Albert, né à Paris, interne.

GRAMMAIRE FRANÇAISE.

PRIX : LINOT, Ernest-François, né à Sèvres, P. R. Laugier.
1.er *Acc.* : JACQUES (déjà nommé), P. R. Laugier.
2.e — GUYENOT (déjà cour. et nom.), P. P. Laugier.
3.e — CONTESENNE (déjà nommé), P. R. Laugier.

HISTOIRE ET GÉOGRAPHIE.

PRIX : GUYENOT (déjà cour. et nom.), P. P. Laugier.
1.er *Acc.* : SCHULER (déjà nommé), interne.
2.e — LINOT (déjà couronné), P. R. Laugier.
3.e — CONTESENNE (déjà nommé), P. R. Laugier.

LANGUE ANGLAISE.

PRIX : GUYENOT (déjà cour. et nom.), P. P. Laugier.
1.er *Acc.* : SCHULER (déjà nommé), interne.
2.e — GREEN, William, né à Sheffield (Angleterre), interne.
3.e — LINOT (déjà cour. et nom.), P. R. Laugier.

Enseignement commun aux deux Sections.

DESSIN LINÉAIRE.

PRIX : BRÉAN, Victor-Prosper, né à Versailles, int.
1.er *Acc.* : MORISSET (dé(à nommé), interne.
2.e — JACQUES (déjà nommé), P. R. Laugier.
3.e — CONTESENNE (déjà nom.), P. R. Laugier.
4.e — OUACHÉE (déjà nommé), P. Membré.

CALLIGRAPHIE.

1.er Prix : Morisset (déjà nommé), interne.
2.e — Bréan (déjà couronné), interne.
1.er *Acc.* : Poilblans (déjà couronné), interne.
2.e — Guyénot (déjà cour. et nom.), P. P. Laugier.
3.e — Linot (déjà nommé), P. R. Laugier.
4.e — Joly (déjà nommé), interne.

ENSEIGNEMENT PARTICULIER
AUX INTERNES ET AUX EXTERNES
Admis aux répétitions.

ARTS GRAPHIQUES.

DESSIN GÉOMÉTRIQUE.

Professeur : M. Petit.

1.re SECTION.

MATHÉMATIQUES SPÉCIALES ET LOGIQUE.

Prix : Hachard, Léon (déjà nommé).
1.er *Acc.* : Danède (déjà nommé).
2.e — Mauriac, Anatole, né aux Cayes (Haïti).
3.e — Henry (déjà cour. et nom.).
4.e — Goguel (déjà cour. et nommé).

2.e SECTION. — RHÉTORIQUE.

Prix : Poléma (déjà nommé).
1.er *Acc.* : Aumont (déjà cour. et nommé).
2.e — Petit, Henri, né à Versailles.

3.e SECTION. — SECONDE.

1.er Prix : Thory (déjà nommé).
2.e — Garcin Paul-Jules-Victor, né à Batignolles.

1.er *Acc.*:   JANOT (déjà cour. et nom.).
2.e   —   DESBORDES (déjà cour. et nom.).
3.e   —   GAILLY (déjà nommé).
4.e   —   D'HERVILLY (déjà couronné).
5.e   —   DEMIMUID, Albert-Marie, né à Commercy.

4.e SECTION. — TROISIÈME.

1.er PRIX :   SALLERON, Félix, (déjà nom.).
2.e   —   BRILLION, Gustave, né à Clichy.
1.er *Acc.* :   BORDES, Jean-Albert, né à Tarbes.
2.e   —   AUGER Paul (déjà nommé).
3.e   —   RENAULT, Arthur-Eugène, né à Toussus.
4.e   —   CHAPRON, Clément-Paul, né à Fontaine-les-Ribouts.
5.e   —   BAILLOU, Louis-Ernest, né à Paris.

3.e *Acc.* :   FOURNIER (déjà cour. et nom.)
4.e —   BORDES (déjà nommé).
5.e —   BADIN, Charles-Auguste , né à Versailles.

3.e SECTION. — SECONDE.

1.er PRIX :   SALLERON, Henri (déjà cour. et nom.)
2.e —   PETIT, Edouard (déjà nommè).
1.er *Acc.*:   CLAUDE (déjà cour. et nommé).
2.e —   BUSSON (déjà couronné).
3.e —   FORTIN, Victor-Hyacinthe, né à Paris.
4.e —   GAILLY (déjà nommé).
5.e —   GARCIN (déjà nommé).
6.e —   DREUX (déjà cour. et nommé).

4.e SECTION.

TROISIÈME ET DIVISION ÉLÈMENTAIRE DU COURS PROFESSIONNEL.

1.er PRIX :   SALLERON, Félix (couronné et nommé.)
2.e —   LESAGE , Jean-Gaston, né aux Vaux-de-Cernay.
1.er *Acc.* :   PITON, Alexandre (déjà couronné et nommé.)
2.e —   BRILLION (déjà couronné).
3.e —   HOUEL (déjà nommé).
4.e —   GADON, Henri, né à Pont-Audemer.
5.e —   AUGER, Paul (déjà nommé).
6.e —   CALANDO, Emile-Louis-Dominique, né à Passy.
5.e —   RENAULT (déjà nommé.)

5.e SECTION. — QUATRIÈME.

1.er PRIX :   DURAND (déjà couronné et nommé),
2e —   BROUTTA, Jules-Charles, né à Strasbourg.
1.er *Acc.* :   DE MONTIGNY, Jean-Marie, né à Bar-sur-Aube.
2.e —   BRUNET (déjà nommé).
3.e —   COSSON (déjà nommé).

4.e *Acc.* :   AYNÉ (déjà couronné et nommé).
5.e   —   ESTRABAT, Constant, né à Paris.
6.e   —   TERNON (déjà nommé).

6 e SECTION. — CINQUIÈME.

PRIX :   VIVIEN, Edouard, né à l'Aigle.
1.er *Acc.* :   PITON, Camille (déjà nommé).
2.e   —   OBERNESSER (déjà nommé).
3.e   —   ROUGET (déjà nommé).
4.e   —   LOMON (couronné et nommé).
5.e   —   PICQUÉ (déjà nommé).

7.e SECTION. — SIXIÈME.

PRIX :   GAIROARD, Victor-François-Laurent, né à Montreuil-sur-Mer.
1.er *Acc.* :   COIQUAUD, Gaston-Albert, né à Redon.
4.e   —   COSSON (déjà nommé).
3.e   —   DE TRYON MONTALEMBERT, Raoul, né à Paris.
4.e   —   ISAMBERT (déjà nommé).
5.e   —   NÉGLET (déjà cour. et nommé).

ECRITURE.

Professeur : M. LOISEAU.

1.re SECTION. — CLASSE DE CINQUIÈME.

1.er PRIX :   FAUDET (déjà nommé).
2.e   —   DUCRET, Edouard, né à Fontainebleau.
1.er *Acc* :   LOMON (déjà cour. et nom.)
2.e   —   JOURDAN (déjà nommé).
3.e   —   ROUGET (déjà nommé).
4.e   —   D'URCLÉ (déjà. nommé).
5.e   —   ECHALIÉ, Charles, né à Dijon.
6.e   —   PITON (2), (déjà nommé).

2.ᵉ SECTION. — CLASSE DE SIXIÈME.

1.ᵉʳ PRIX :   MILLET (déjà nommé).
2.ᵉ   —   TUGOT (déjà cour. et nom.)
1.ᵉʳ *Acc.* : MORTEMART, Gaston, né à Romans.
2.ᵉ   —   NÉGLET (déjà couronné et nommé).
3.ᵉ   —   DELAISEMENT (déjà nommé).
4.ᵉ   —   ROUGET, Emile-Louis, né à Rueil.
5.ᵉ   –   COSSON (déjà nommé).
6.ᵉ   —   GARNIER (déjà couronné).

3.ᵉ SECTION. — CLASSE DE SEPTIÈME.

1.ᵉʳ PRIX :   THOMAS, Ernest (déjà nommé).
2.ᵉ   —   PAUCELLIER, Alexandre-Gustave, né à St-Leu-d'Esserent.
1.ᵉʳ *Acc.* : DE LALANDE (déjà couronné et nommé).
2.ᵉ   —   THOMAS, Georges (déjà couronné et nom).
3.ᵉ   —   CHARMANTRAY-
4.ᵉ   —   DUBREUIL (déjà nommé).
5.ᵉ   —   PINCHON Emile-Jean, né à Paris.

4.ᵉ SECTION. — CLASSE DE HUITIÈME.

1.ᵉʳ PRIX :   BLANCHARD (déjà couronné et nommé).
2.ᵉ   —   SPENCER (déjà couronné et nommé).
1.ᵉʳ *Acc* : DONCOEUR (déjà nommé).
2.ᵉ   —   PHILIPPAR (déjà nommé).
3.ᵉ   —   BARY (déjà nommé).

5.ᵉ SECTION. — CLASSE PRÉPARATOIRE.

1ᵉʳ PRIX :   HOLT (déjà couronné).
2.ᵉ   —   BOIVIN (déjà nommé).
1.ᵉʳ *Acc.* : ROCHER (déjà couronné et nommé).
2.ᵉ   —   RÉGNIER, Léon, né à Paris.

DESSIN LINEAIRE AU CRAYON ET A LA PLUME.

Professeur : M. Loiseau.

1.re DIVISION. — SEPTIEME.

Prix :   PICARD, Eugène, né à Paris.
1.er *Acc.* :   THOMAS, Georges (déjà couronné et nommé).
2.e   —   BLANCHARD (déjà couronné et nommé).
3.e   —   ROUFIAC (déjà couronné et nommé).
4.e   —   FAVRE (déjà nommé).

2.e DIVISION. — HUITIÈME.

Prix :   BARY (déjà nommé).
1.er *Acc.* :   BLANCHARD (couronné et nommé).
2.e   —   SPENCER (couronné et nommé).
3.e   —   LAPERCHE, François, né à Paris.

MUSIQUE VOCALE.

Professeur : M. Lion.

1.re SECTION. — CLASSE DE CINQUIÈME.

1.er Prix :   PITON (déjà nommé).
2.e   —   GINESTET (déjà couronné).

1.er *Acc.* : LAMAILLE (déjà nommé).
2.e   —   BOIVIN (déjà nommé).
3.e   —   AUVILLAIN (déjà nommé).
4.e   —   LEVASSEUR (déjà nommé).

2.e SECTION. — CLASSE DE SIXIÈME.

1.er PRIX : GAIROARD (déjà nommé).
2.e   —   PICQUEFEU (déjà nommé).
1.er *Acc.* : BESNARD (déjà couronné et nommé).
2.e   —   TUGOT (déjà nommé).
3.e   —   COTILLON, Victor, né à Paris.
4.e   —   GODIN (déjà nommé).

3.e SECTION. — 1.re DIVISION DU PETIT COLLÉGE.

1.er PRIX : FOUCAULT (déjà nommé).
2.e   —   SPENCER (déjà couronné et nommé).
1.er *Acc.* : ARBEITTER (déjà couronné et nommé).
2.e   —   PICARD (déjà couronné).
3.e   —   DE JAVEL (déjà nommé).

4.e SECTION. — 2.e DIVISION DU PETIT COLLÉGE.

1.er PRIX : BLANCHARD (déjà couronné et nommé).
2.e   —   MARGERIDON (déjà couronné et nommé).
1.er *Acc.* : GASTAMBIDE (déjà nommé).
2.e   —   THOMAS, Georges (déjà couronné et nommé).
3.e   —   BOIVIN (déjà nommé).

GYMNASTIQUE.

M HUBERT, *Directeur du Gymnase.*

Moniteurs : MM. DELACROIX, PETIT, Henri, D'HORTAL.

Première Division. — GRAND COLLÉGE.

1.er PRIX :   LEGLAND Jules, déjà nommé).
2.e   —   LESUR (déjà cour. et nommé).
1.er *Acc.* :   AUMONT (déjà couronné et nommé).
2.e   —   CHAMOUILLET (déjà nommé).
3.e   —   SALLERON, Henri (déjà cour. et nommé).
4.e   —   LECHERBONNIER (déjà couronné et nommé).

Deuxième division. — MOYEN COLLÉGE.

1.er PRIX .   DE ROBERNIER (déjà nommé).
2.e   —   MOUSSEAUX, Henri-Jean, né à Versailles.
1.er *Acc.* :   CALANDO (déjà nommé).
2.e   —   BRUNET (déjà nommé).
3.e   —   FAVRY (déjà nommé).
4.e   —   FLORENTIN, Edmond, né à Batignolles.

Troisième Division. — TROISIEME COLLEGE.

1.er PRIX :   MORTEMART (déjà nommé).
2.e   —   PINCHON (2) (déjà nommé).
1.er *Acc.* :   LAMAILLE (2) (déjà nommé).
2.e   —   COIQUAUD (déjà nommé).
3.e   —   ROUGET (déjà nommé).
4.e   —   GAIROARD (déjà nommé).

Quatrième Division. — PETIT COLLÉGE.

1.er Prix .   ROLLANDES (déjà cour. et nommé).
2.e   —   HARMAND, Jules-François, né à Saumur.
1.er *Acc. :*   ROUFIAC (déjà couronné et nommé).
2.e   —   HOLT (déjà couronné et nommé).
3.e   —   PICARD (déjà nommé).
4.e   —   BRÉCHIGNAC (déjà nommé).

MÉDAILLES ET MENTIONS D'HONNEUR

Obtenues pour le Travail et la Conduite de toute l'Année.

GRAND COLLÉGE.

Première Étude.

Médaille : HACHARD, L. 3.ᵉ mention : DANÈDE.
1.ʳᵉ mention : HENRY.   4.ᵉ   —   MAURIAC.
2.ᵉ   —   SARRAU.

Deuxième Etude.

Médaille : DELACOUR,   2.ᵉ mention : BERNAGE.
            Athanase. 3.ᵉ   —   CALLÉ.
1.ʳᵉ mention : DELACOUR, 4.ᵉ   —   MARTIN.
            Anatole.

Troisième Etude.

Médaille : GODINOT.   3.ᵉ mention : CLAUDE.
1.ʳ : mention : LOUVARD. 4.ᵉ   —   D'APREMONT.
2.ᵉ   —   DREUX.

Quatrième Etude.

Médaille : DESBORDES.   3.ᵉ mention : JANOT.
1.ʳᵉ mention : THORY.   4.ᵉ   —   DAMIENS.
2.ᵉ   —   PLOIX.

MOYEN COLLÉGE.

Cinquième Etude.

Médaille : BRILLION.   3.ᵉ mention : LAMARRE.
1.ʳᵉ mention : BAILLOU. 4.ᵉ   —   PRUDHOMME.
2.ᵉ   —   CHAPRON.

Sixième Etude.

Médaille :	HANTICH.	3.e mention :	REMILLY.
1.re mention :	PITON, Al.	4.e —	POUCHET.
2.e —	SCHULER.		

Septième Etude.

Médaille :	DURAND.	3.e mention :	POULLE.
1.re mention :	TORE.	4.e —	TERNON.
2.e —	RAINCOURT.		

TROISIEME COLLÉGE.

Huitième Etude.

Médaille :	GINESTET (Alfred.)	2.e mention :	LOMON.
		3.e —	D'URCLÉ.
1.re mention :	JOURDAN.	4.e —	GRANDIN.

Neuvième Etude.

Médaille :	TUGOT.	3.e mention :	DUBREUIL, Alexis.
1.re mention :	COSSON, H.		
2.e —	GARNIER.	4.e —	PICQUEFEU.

Dixième Etude.

Médaille :	RIGAUD.	3.e mention :	VERNINAC DE St-MAUR.
1.re mention :	PINCHON, Emile.	4.e —	GAIROARD.
2 e —	NÉGLET.		

PETIT COLLÉGE.

Onzième Etude.

Médaille :	THOMAS, Georges.	2.e mention :	DE LALANDE.
		3.e —	FOUCAULT.
1.re mention :	ROUFIAC.	4.e —	DE JAVEL.

Douzième Etude.

Médaille :	SPENCER.	3.e mention :	PHILIPPAR.
1.re mention :	MAUGER.	4.e —	BLANCHARD.
2.e —	ROCHER.		

DISTRIBUTION
DES PRIX DE SEMESTRE,

Faite le 7 Avril 1855.

MATHÉMATIQUES SPÉCIALES.

1.er PRIX : LAMAN, externe.
2.e — HACHARD, Marie-Adrien-Léon, interne.
1.er *Acc.* : DELAROCHE, externe.
2.e — DE LOCMARIA, externe.
3.e — DANÈDE, interne.
4.e — DELACROIX, interne.

LOGIQUE (*Lettres*).

1.er PRIX : BLONDEL, externe.
2.e — DELACOUR, Athanase, interne.
1.er *Acc.* : MILLET, interne.
2.e — BÉLIARD, interne.

LOGIQUE (*Sciences*).

1.er PRIX: HENRY, interne.
2.e — RICHY, Henri-Adolphe, P. R. Laugier.
1.er *Acc.* : SEURE, interne.
2.e — COLLET, interne.
3.e — MASSON, interne.
4.e — CANONGE, Joseph-Frédéric, interne.
5.e — LUYS, externe.
6.e — PAISANT, interne.

RHÉTORIQUE (*Lettres*).

1.er PRIX : BERNAGE, interne.
2.e — SCHMITZ, Paul-Louis, P. R. Laugier.

1.er *Acc.* : RAGON, interne.
2.e   —   BÉNARD, interne.
3.e   —   MARCOU, interne.
4.e   —   SAINT-MARC-GIRARDIN, externe.

RHÉTORIQUE (*Sciences*).

1.er PRIX : CHALLIOT, Jean-Paul, P. Membré.
2.e   —   AUMONT, Georges, interne.
1.er *Acc.:* GODINOT, interne.
2.e   —   LESUR, interne.
3.e   —   BORDES, Léon, interne.

SECONDE (*Lettres*).

1.er PRIX : DE PIÉPAPE, P. Bontemps.
2.e   —   CLAUDE, interne.
1.er *Acc.* : RICHY, Arthur, P. R. Laugier.
2.e   —   DREUX, interne.
3.e   —   LOUVARD, interne.
4.e   —   ISAMBERT, Henri, interne.

SECONDE (*Sciences*).

1.er PRIX : THORY, interne.
2.e   —   FRÉVILLE, P. Charpentier.
1.er *Acc.* : DE VILLEBOIS, externe.
2.e   —   DESBORDES, interne.
3.e   —   SALLERON, Henri, interne.
4.e   —   HEURTEL, P. R. Laugier.
5.e   —   HAMARD, P. P. Laugier.
6.e   —   CHAMOUILLET, interne.
7.e   —   PLOIX, interne.
8.e   —   MARIN, interne.

TROISIÈME (*Lettres*).

1.er PRIX : DEBRIE, P. Charpentier.
2.e — RAINCOURT, Louis-Charles, externe.
1.er *Acc.* PITON, Alexandre, interne.
2.e — MICHAUT, Jules-Alcide, P. R. Laugier.
3.e — POUCHET, interne.
4.e — PESSON, Emmanuel, interne.

TROISIÈME (*Sciences*).

1.er PRIX : GÉLIS, interne.
2.e — MARTIN, Bernard-Simon-Frédéric, P. Peythieu
1.er *Acc.* : CORNU, interne.
2.e — DELATOUR, P. Membré.
3.e — LEBLANC, interne.
4.e — CORDIER, externe.
5.e — NERCAN, P. Saint-Louis.
6.e — SCHNEIDER, P. Peythieu.
7.e — LAMARRE, interne.
8.e — DE LA BRIZOLIÈRE, P. Peythieu.

QUATRIÈME.

1.er PRIX : MICHAUT, Gabriel-Alphonse, P. R. Laugier.
2.e — AUBLÉ, P. P. Laugier.
1.er *Acc.* : DIDIER, externe.
2.e — DURAND, interne.
3.e — CHALLIOT, Louis-Charles-Marie, P. Membré.
4.e — PINCHON, Gustave, interne.
5.e — CHARPENTIER, Eugène, interne.
6.e — AYNÉ, interne.
7.e — RAINCOURT, Paul-Ernest.
8.e — BLANDIN, interne.

CINQUIÈME.

1.er PRIX : LOMON, interne.
2.e   —   OBERNESSER, interne.
1.er Acc. : GOURGAUD, interne.
2.e   —   PEERT, interne.
3.e   —   BONITEAU, P. Membré.
4.e   —   PESSON, Roger, interne.
5.e   —   LEVASSEUR, interne.
6.e   —   AUNEY, P. Membré.
7.e   —   PITON, Camille, interne.
8.e   —   METTE, interne.

SIXIÈME.

(*Première Division*).

1.er PRIX : VÉRON, P. Membré.
2.e   —   RIGAUD, interne.
1.er Acc. : VERNIAC DE SAINT-MAUR, interne.
2.e   —   LEGRIER, externe.
3.e   —   BESNARD, interne.
4.e   —   CHEVALIER, P. Membré.
5.c   —   PETIT, Albert, externe.
6.e   —   JOBERT, interne.

SIXIÈME.

(*Deuxième Division*).

1 .erPRIX : CHARPENTIER, Constant, P. Charpentier.
2.e   —   THUASNE, P. R. Laugier.
1.er Acc. : BERTHOD, interne.
2.e   —   DOMARASKI, interne.
3.e   —   BOUTIER, interne.
4.e   —   ISAMBERT, Alfred, interne.
5.e   —   AUMONT, Léon, interne.
6.e   —   PICQUEFEU, interne.

SEPTIÈME.

Première Division.

1.er PRIX : FONTAINE, P. Membré.
2.e — CHALLIOT, Charles, P. Membré.
1.er *Acc.* : BRÉBION, P. Membré.
2.e — FAVRE, interne.
3.e — FRAMBOIS, P. Saint-Louis.
4.e — DUBREUIL, interne.
5.e — ORFAURE, interne.
6.e — DE LALANDE, interne.

SEPTIÈME.

Deuxième Division.

1.er PRIX : FLEURY, externe.
2.e — THOMAS, Georges, interne.
1.er *Acc.* : MARTIN, Emile-Charlemagne, externe.
2.e — ARREITTER, interne.
3.e — ROLLANDES, interne.
4.e — ROUFIAC, interne.
5.e — DIETZ, Jules-François, externe.
6.e — BRÉCHIGNAC, interne.

HUITIÈME.

1.er PRIX : JACQUIN, interne.
2.e — HOMER, P. Saint-Louis.
1.er *Acc.* : DONCOEUR, interne.
2.e — PHILIPPAR, interne.
3.e — LAPERCHE, interne.

CLASSE PRÉPARATOIRE.

PRIX : HOLT, interne.
1.er *Acc.* : MAUGER, interne.
2.e — ROCHER, interne.

COURS PROFESSIONNEL.

(Division supérieure).

PRIX : POILBLANS, interne.
1.er *Acc.*: COTILLON, Alfred, interne.
2.e — LEDRU, interne.

COURS PROFESSIONNEL.

(Division élémentaire).

PRIX : GUYENOT, P. P. Laugier.
1.er *Acc.* : LINOT, P. R. Laugier.
2.e — CONTESENNE, P. R. Laugier.
3.e — SCHULER, interne.

La Messe solennelle du Saint-Esprit, pour la rentrée des Classes, sera célébrée le lundi 8 octobre, à onze heures précises du matin. Les externes sont invités à y assister. Tous les internes doivent être rentrés une heure avant la cérémonie.

Versailles le 14 août 1855.

Le Proviseur du Lycée, Recteur honoraire,

F.-L. SAUVEROCHE.

Permis d'imprimer :

Le Vice-Recteur de l'Académie de Paris,

CAYX.

VERSAILLES. — IMP. DE MONTALANT-BOUGLEUX.